수 준 별
유아동요
반주곡집

임혜정 지음

도서출판
피린마음

머리말

노래 부르기 활동에 있어서 반주의 역할은 매우 크다. 특히 유아의 경우에는 주로 듣기를 통하여 노래를 익히므로 반주는 정확한 음을 제시하고 화성과 리듬감을 통하여 곡의 분위기를 살려주며 아름다움을 느끼게 하는 훌륭한 도구이다. 노래에서 가락이 몸의 골격이라고 한다면 반주는 이를 꾸며주는 의복과 같다. 뼈대만 가지고는 아름다움을 표현하기에 빈약하며 또 어떤 옷을 입느냐에 따라 분위기는 다양하게 표현될 수 있으므로 이러한 표현을 위하여 반주의 능력은 매우 중요하다. 그러나 반주의 능력은 단기간에 갖추어질 수 있는 것이 아니므로 많은 연습을 통하여 기능을 익히고 방법을 터득하는 지속적이고 반복적인 노력이 필요하다.

본 서는 각 곡마다 초급, 중급, 고급의 수준별 반주형을 제시함으로써 반주 능력이 부족한 유아교사들에게 쉬운 반주형을 제시하여 현장에서 부딪히는 반주의 어려움을 해결해주고, 반주 능력이 충분한 교사들에게는 더 높은 수준의 반주형을 제시하여 유아들에게 좀 더 세련되고 아름다운 음악을 전달할 수 있도록 하였다. 또한 반주의 능력을 갖추고자 하는 예비 유아교사들에게는 본인의 반주 능력에 맞는 반주형 연습에서부터 시작하여 고급 수준까지 단계별 연습을 통해 반주 능력을 향상시키도록 하였다.

본 서에서 반주형의 범위는 유아동요로서의 범위를 넘지 않도록 하였다. 유아동요는 유아의 음악적 발달 수준을 고려하여 만들어진 것으로 음역이 제한적이고 가락이나 리듬이 단순하며 반주 역시 이러한 영향 아래 있으므로 반주형이나 화성이 다소 단조로울 수 있다.

본 서의 진정한 저자는 본 서에 수록된 아름다운 동요를 만드신 원작자 분들이시

다. 이러한 아름다운 곡들은 나로 하여금 본 서를 작업하는 내내 동심 안에 살게 하였다.

악보의 편집과정은 악보 정사를 비롯하여 많은 수고와 번거로움이 있는 것이 사실이다. 그렇기 때문에 악보집의 출판 결정은 그리 쉬운 일이 아니지만 이러한 어려움을 감수하고 기꺼이 출판을 허락해주신 도서출판 파란마음의 황호철 사장님께 심심한 감사의 마음을 전하며 애써주신 편집부 여러분들께 진심으로 감사드린다.

저 자

이 책의 특징 및 활용법

유아에게 적절한 동요의 선정

유아는 신체적으로나 인지적, 음악적 능력의 발달에 있어서 아직 과정 중에 있으므로 여러 가지 면에서 그 능력이 제한적이다. 특히 노래 부르기 활동에 있어서 유아는 노래 부를 수 있는 음역이 제한적이며, 리듬과 음감의 발달이 충분하지 않아 리듬이나 가락의 표현에 있어서 제한적이다. 한편 유아동요는 음악적 산물이므로 동요의 음악적인 아름다움을 간과할 수 없다. 물론 유아동요는 형식, 리듬과 가락이 매우 단순하지만 음악적 아름다움을 해치는 비음악적인 구성은 심미감을 저해하므로 바람직하지 않다. 그러므로 유아에게 제공되는 동요는 유아의 발달적 측면과 음악적 측면을 동시에 고려한 양질의 것이어야 한다. 그러나 우리 주변에는 이러한 고려 없이 무분별하게 만들어진 유아동요도 적지 않다. 본 서에 수록된 동요는 위의 두 가지 측면에서 동요를 분석하여 엄선한 것으로 반주를 위한 곡으로서 뿐만 아니라 유아교육현장에서 활용하는 데 어려움이 없도록 하였다.

각 곡마다 수준별 반주형 제시

각 곡은 유아동요 반주의 범주를 벗어나지 않는 범위에서 1단계(초급)는 낮은 수준의 반주, 2단계(중급)는 보통 수준의 반주, 3단계(고급)는 좀 더 높은 수준의 반주의 세 가지 형태로 구성함으로써 유아교사가 자신의 능력에 맞춰 연주할 수 있도록 하였다. 또한 한 곡에 대하여 여러 가지 형태의 반주를 경험해 봄으로써 반주의 다양한 표현을 체험하며, 반주형 구성에 있어서 사고의 확장을 꾀하고자 하였다. 간혹 어떤 곡은 가락에 어울리는 여러 가지 반주형을 제시하는 것에 의미를 두다보니 단계에 따른 반주형의 변화가 반드시 수준의 차이를 의미하지 않는 곡도 있다. 또한 유아동요는 가락이 단순하여 반주에 있어서도 제한적이고 단순한 형태들이 많으므로 무미건조함을 최대한 탈피하고 음악적 아름다움을 살리고자 반주형과 화음의 선택, 음의 매끄러운 진행을 위해 최대한 노력하였다. 각 곡마다 전주와 가락에 어울리는 코드를 제시하였으며, 수준별 반주의 예는 다음과 같다.

무엇일까요

이은영 작사
임혜정 작곡

A   E   A

노　란보 자기속　노란주머니　노　란주머니속　노란알갱이
초　록둥근방에　빨간얼 － 굴　빨　간얼굴속에　까만점박이
까　만방 － 속에　초록빛얼굴　모　두옹기종기　모여살지요

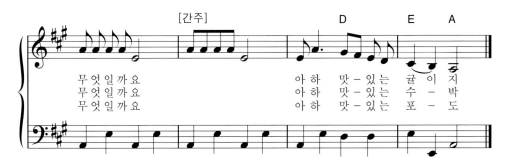

[간주]   D   E   A

무엇일까요　아하 맛 － 있는 귤 이 지
무엇일까요　아하 맛 － 있는 수 － 박
무엇일까요　아하 맛 － 있는 포 － 도

A　　　E　　　D

무엇일까요

이은영 작사
임혜정 작곡

노　란보자기속　　노란주머니　　노　란주머니속　　노란알갱이
초　록둥근방에　　빨간얼－굴　　빨　간얼굴속에　　까만점박이
까　만방－속에　　초록빛얼굴　　모　두옹기종기　　모여살지요

무엇일까요　　　　　　　　　아하　맛－있는　귤이지
무엇일까요　　　　　　　　　아하　맛－있는　수－박
무엇일까요　　　　　　　　　아하　맛－있는　포－도

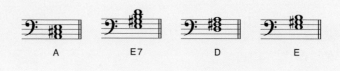

A　　　　E7　　　　D　　　　E

무엇일까요

이은영 작사
임혜정 작곡

노 란보 자기속 노란주머니 노 란주머니속 노 란알갱이
초 록둥근방에 빨간얼－굴 빨 간얼굴속에 까 만점박이
까 만방－속에 초록빛얼굴 모 두옹기종기 모 여살지요

[간주]

무엇일까요 아 하 맛－있는 귤 이 지
무엇일까요 아 하 맛－있는 수 － 박
무엇일까요 아 하 맛－있는 포 － 도

A   E   D

차 례

기초 이론

Chapter

1

음악의 기초 이론

음자리표와 건반

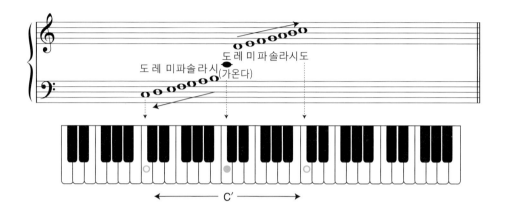

도 레 미 파 솔 라 시 도
(가온다)

도 레 미 파 솔 라 시

C′

2 음이름

C D E F G A B C

　사람마다 고유한 이름이 있듯이 음이름은 그 음의 고유한 이름을 가지며, 어떠한 경우에도 변하지 않는다. 음이름에 반해 계이름은 조표에 따라 항상 변한다. 위의 표기 방식은 영국과 미국식이지만 대부분의 국가에서 일반적으로 통용된다. 음악에서 코드를 표기할 때에 이 음이름을 사용한다.

조성과 음계

1) 다장조

2) ♯이 붙는 조

● 조표에 따른 '도'의 위치

G	D	A	E	B	F♯	C♯
사장조	라장조	가장조	마장조	나장조	올림바장조	올림다장조

♯이 붙는 조에서는 마지막 ♯ 바로 위 음이 '도'가 된다. 그러므로 마지막 ♯을 '시'로 읽는다.

3) ♭이 붙는 조

● 조표에 따른 '도'의 위치

F	B♭	E♭	A♭	D♭	G♭	C♭
바장조	내림나장조	내림마장조	내림가장조	내림라장조	내림사장조	내림다장조

♭이 붙는 조에서는 끝에서 두 번째 ♭ 음이 '도'가 된다. 계이름을 읽는 또 다른 요령은 마지막 ♭ 음을 '파'로 읽는 방법이다.

4 음표와 쉼표

1) 민음표

음표		쉼표		길이	
온음표	𝅝	온쉼표	▬	4	1박
2분 음표	𝅗𝅥	2분 쉼표	▬	2	1박
4분 음표	♩	4분 쉼표	𝄽	1	1박
8분 음표	♪	8분 쉼표	𝄾	1/2	1박
16분 음표	♬	16분 쉼표	𝄿	1/4	1박

2) 점음표

점은 바로 앞 음표나 쉼표의 1/2의 길이이다. 그러므로 점음표나 점쉼표의 길이는 그 음표나 쉼표의 길이에 1/2에 해당되는 길이를 더하면 된다.

바로 앞 음표 길이의 1/2   바로 앞 음표 길이의 1/2

음표		쉼표		길이	
점2분 음표	𝅗𝅥.	점2분 쉼표	▬·	3	1박
점4분 음표	♩.	점4분 쉼표	𝄽·	1과 1/2	1박

박자

1) 박자표 읽는 법

$\dfrac{3}{4}$ ← 한 마디 안에 들어 있는 박자의 수, 즉, 단위음표의 수
← 그 곡에서 한 박이 되는 음표의 이름, 즉, 단위음표의 이름

2) 동요에서 자주 사용되는 박자의 종류

박자표	의미	한마디의 예
$\dfrac{2}{4}$	4분 음표(♩)가 한 박이 되며 한 마디 안에 ♩가 2개 만큼씩 들어 있다. 그러므로 한 마디는 두 박이다.	
$\dfrac{3}{4}$	4분 음표(♩)가 한 박이 되며 한 마디 안에 ♩가 3개 만큼씩 들어 있다. 그러므로 한 마디는 세 박이다.	
$\dfrac{4}{4}$	4분 음표(♩)가 한 박이 되며 한 마디 안에 ♩가 4개 만큼씩 들어 있다. 그러므로 한 마디는 네 박이다. $\frac{4}{4}$박은 **C**(Common time)로 표기하기도 한다.	
$\dfrac{6}{8}$	8분 음표(♪)가 한 박이 되며 한 마디 안에 ♪가 6개 만큼씩 들어 있다. 그러므로 한 마디는 여섯 박이다. 그러나 $\frac{6}{8}$박자는 일반적으로 ♪를 3개씩 묶어서 큰 한 박으로 보아 한 마디를 큰 두 박으로 느끼며 연주한다. → 6박 → 큰 2박	
$\dfrac{9}{8}$	8분 음표(♪)가 한 박이 되며 한 마디 안에 ♪가 9개 만큼씩 들어 있다. 그러므로 한 마디는 아홉 박이다. 그러나 $\frac{6}{8}$박자와 마찬가지로 $\frac{9}{8}$박자도 겹박자로 ♪를 3개씩 묶어 큰 한 박으로 보아 큰 세 박으로 느끼며 연주한다. → 9박 → 큰 3박	

6 갖춘마디와 못갖춘마디

1) 갖춘마디

● 노래가 시작되는 첫 마디가 박자표가 지니는 박의 수를 모두 채운 경우

곰 세 마 리 가 한 집 에 있 어

※ 외국곡 • **제목**/ 곰 세 마리

2) 못갖춘마디

● 노래가 시작되는 첫 마디가 박자표가 지니는 박의 수를 채우지 못한 경우

꼭 두 각 시 인 형 피 노 키 오

※ **작사**/ 지명길 • **작곡**/ 김용년 • **제목**/ 피노키오

4/4박자의 곡이므로 각 마디가 4박자이어야 하나 여기에서는 시작 마디가 '♪ ♪'
(한 박자)이다.

변화표

1) 변화표의 종류

기호	읽기	의미	악보의 예	연주
♯	샵 (sharp)	반 음 올림		
♭	플랫 (flat)	반 음 내림		
𝄪	더블 샵 (double sharp)	반 음을 두 번 올림		
♭♭	더블 플랫 (double flat)	반 음을 두 번 내림		
♮	내츄럴 (natural)	제자리표(어떤 영향도 받지 않는 원래 그대로의 흰 건 반을 말함)		

2) 변화표의 효력

① 조표로 사용되는 경우

변화표가 조표로 사용되는 경우(조표는 곡의 시작인 음자리표 바로 다음에 나타남)에 그 변화표는 곡 전체를 통해 같은 계이름을 가진 모든 음에 적용된다.

② 임시표로 사용되는 경우

임시표는 조표와 상관없이 곡 중에 특정한 음 앞에 붙어있는 변화표를 말한다.

내 동 생　　곱 슬 머 리　　개 구 쟁 이 내 동　생

※ 작사/ 조운파 • 작곡/ 최종혁 • 제목/ 내 동생

라　는 라 일 락 의 라　　시　는 시 냇 물 의 시　　처 음

※ 외국곡 • 제목/ 도레미송

③ 임시표는 같은 마디 안에서 같은 음높이의 음에만 효력이 있다.

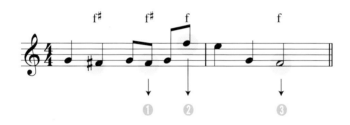

❶ 같은 마디 안에서 같은 높이의 음에는 앞의 임시표가 효력을 가진다.

❷ 같은 마디 내에서 같은 음이름을 가진 음이지만, 음높이가 다르므로 임시표는 효력이 없다.

❸ 마디가 바뀌면 앞의 마디에 있던 임시표는 더 이상 효력이 없다.

④ 임시표가 붙은 음이 마디를 사이에 두고 붙임줄로 연결되는 경우는 마디가 바뀌었음에도 불구하고 붙임줄로 연결된 그 음에 한하여 임시표가 효력을 가진다.

8 화성

높이가 다른 두 개 이상의 음이 동시에 울리는 것을 화음이라고 하며 이러한 화음의 연결을 화성이라고 한다.

1) 3화음

어떤 음을 밑음으로 하여 3도씩 두 번 음을 쌓아 만든 음의 결합체를 말한다.

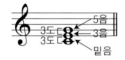

2) 주요3화음

주요3화음은 그 곡에서 중심이 되는 화음으로 곡 중에서 가장 빈번히 사용된다.

화음의 성질에 따라 장화음은 대문자, 단화음은 소문자로 표시하고 감화음은 소문자 옆에 ○를 첨가한다.

● 다장조의 주요3화음

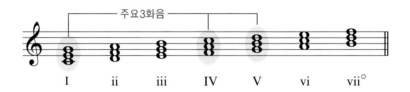

3) 7화음

7화음은 3화음에 3도 위 음을 하나 더 첨가하여 만들어지며 동요에서는 딸림7화음 (V7)이 주로 사용된다.

Chapter **2**

동요 반주법

반주의 기능

반주는 곡이 지니고 있는 선율과 악상 등을 살려주고 가락에 어울리는 화성을 통하여 보다 풍부한 맛을 느끼도록 도와준다. 교사가 정확한 시창 능력을 가지고 있다고 하더라도 반주 없이 육성으로 하는 것과 반주와 함께 하는 것은 느낌의 차이가 크며, 교사가 정확한 시창 능력을 갖지 못한 경우에는 반주가 정확한 음을 내도록 도와주므로 더욱 필요하다. 또한 반주는 불완전한 유아의 음감을 확실하게 해주고, 생기 있게 리듬감을 끌어주며 화성을 통한 풍부한 감성을 도출해 냄으로써 유아들의 음악적 감각을 계발하고 정서발달을 돕는다.

 ## 피아노 연주 방법

피아노는 피아노포르테(pianoforte)의 약자이다. 피아노는 88개의 건반으로 이루어진 건반악기로 폭넓은 음역과 풍부한 음량으로 다양한 표현을 가능하게 하는 매우 이상적인 악기이다. 피아노가 많은 음악가나 연주자들에게 사랑을 받아온 이유는 한 번에 여러 손가락의 미묘한 움직임을 통해서 다양한 음이 어우러져 아름다운 화음을 낼 수 있다는 점이다. 따라서 피아노는 화성악기와 선율악기의 두 가지 요소를 모두 갖춘 서양음악에서 빼놓을 수 없는 중요한 악기이다.

1) 피아노 연주를 위한 자세

- 피아노 건반의 중간 지점 정도에 허리를 펴고 바른 자세로 앉는다.
- 건반과 몸의 간격은 연주에 불편하지 않도록 약 30cm 정도 거리를 둔다. 만일 건

반과 몸이 지나치게 가깝거나 멀면 외견상으로 좋지 않을 뿐 아니라 팔과 손을 움 직이는 데 불편함을 초래한다.

● 발은 안정감 있는 자세로 놓으며 다리는 적당히 벌리는 것이 좋다. 다리를 너무 많 이 벌리거나 꼬는 모양은 보기에도 좋지 않으며 안정된 연주를 방해한다.

좋은 상체 모양(O)

허리 굽은 모양(X)

너무 가까이 앉은 모양(X)

너무 멀리 앉은 모양(X)

2) 손의 위치와 모양

● 피아노는 팔과 손목 그리고 손가락의 연속적인 동작을 통해서 연주되므로 건반 위 에서 손의 위치와 모양은 중요하다.

● 손등과 손목, 손목에서 이어지는 팔은 구부러지지 않고 직선을 유지하여야 하며 손가락은 마디마다 자연스럽게 구부러진 상태로 건반을 눌러야 한다. 손목이 건반 아래로 처지거나 손등보다 위로 올라가는 것은 좋지 않다.

● 연주 시 손목이나 손가락 끝에 지나치게 힘이 들어가지 않도록 하며 긴장을 풀고
자연스럽게 팔로 내려치듯이 가볍게 연주한다.

좋은 손 모양(O)

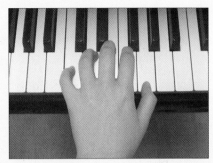
좋은 손 모양(O)

손목이 위로 올라간 모양(X)

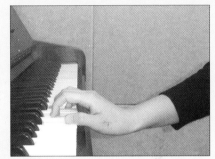
손목이 아래로 처진 모양(X)

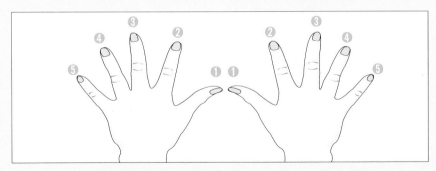
손가락 번호

3) 페달

● 피아노는 두 개 혹은 세 개의 페달이 있으며 디지털 피아노의 경우는 페달이 없거나 한 개 혹은 두 개이다. 페달이 있는 경우에는 맨 오른쪽 페달이 가장 많이 사용되는 페달로 댐퍼 페달이라고 한다. 댐퍼 페달은 음의 울림을 지속시킴으로써 음과 음의 부드러운 연결을 도우며 울림도 풍부하게 해준다. 맨 왼쪽 페달은 소프트 페달이라 하며 이 페달을 사용하면 업라이트 피아노의 경우에는 해머가 현에 좀 더 가까이 이동하게 되므로 더 약한 소리를 얻을 수 있다. 그러나 동요 반주에서는 거의 사용하지 않는다. 페달이 세 개인 경우에 가운데 페달은 업라이트 피아노와 그랜드 피아노의 기능이 약간 다르다. 업라이트 피아노의 가운데 페달은 머플러(muffler) 페달, 혹은 사일런트(silent) 페달이라고 하여 피아노의 소리를 약하게 줄여주는 기능을 한다. 그랜드 피아노의 경우에는 가운데 페달은 소스테누토(sostenuto) 페달로 건반을 누른 상태에서 이 페달을 밟게 되면 눌렀던 건반의 음만 지속된다. 그러나 가운데 페달은 동요 반주에서는 사용하지 않는다.

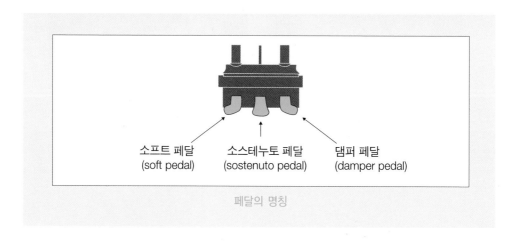

소프트 페달   소스테누토 페달   댐퍼 페달
(soft pedal)   (sostenuto pedal)   (damper pedal)

페달의 명칭

● 페달 사용 시 발의 위치

페달 사용 시 발의 위치

● 동요 반주 시 페달(댐퍼 페달) 사용의 범위

유아 동요는 비교적 곡이 단순하고 음역도 그리 넓지 않으며 반주 역시 대부분은 왼손의 다섯 손가락을 이용하여 음들을 연결할 수 있는 경우이다. 그러나 좀 더 규모가 크거나 반주형이 손가락의 놀림만으로는 도저히 음들을 연결하여 연주하기 힘든 경우에는 페달을 이용하여 음의 연결 효과를 꾀할 수 있다. 페달을 사용하는 경우에는 음의 울림이 지속되므로 페달을 지속하는 부분과 다시 밟아 주는 부분이 정확하지 않으면 오히려 불협화음정을 발생시켜 지저분해질 수 있으므로 유아 동요 반주에서 페달의 사용은 꼭 필요한 경우를 제외하고는 금하는 것이 좋다.

생 일 축 하 합니 다   생 일 축 하 합니 다

└→ 페달을 사용하지 않아도 음의 연결이 가능하므로 페달을 사용하지 않는 것이 좋다.

※ 외국곡 • **제목/** 생일 축하 노래

생일 축하합니 다 생일 축하합니 다

└─▶ 손가락만으로 음의 연결이 불가능하므로 페달을 사용하여 음들을 자연스럽게 연
결시키는 것이 좋다.

※ 외국곡 • **제목**/ 생일 축하 노래

동요반주의 실제

Chapter **3**

수준별 동요반주의 실제

다장조(C Major) 연습

초급
1

백순진 작사
백순진 작곡
임혜정 반주

손이시려워 발이시려워 겨울바람때문 에

손이꽁꽁 발이꽁꽁 겨울바람때－문 에

어 디서 이 바람이 시 작됐는 지

산 너머 인지 바 다건 넌지 너 무너 무얄 미 워

C · G7 · Dm · G · B7 · Em · B · D

겨울바람

백순진 작사
백순진 작곡
임혜정 반주

손 이시 려워　　발 이시 려워　　겨 울바람때문　에

손 이꽁 꽁꽁　　발 이꽁 꽁꽁　　겨 울바람때－문　에

어 디서　　이 바람이　　시 작됐는　지

산 너머 인지　　바 다건 넌지　　너 무너 무얄 미 워

겨울바람

백순진 작사
백순진 작곡
임혜정 반주

손 이시 려워　발 이시 려워　겨 울바 람때문 에

손 이꽁 꽁꽁　발 이꽁 꽁꽁　겨 울바 람때 – 문 에

어 디서　이 바람이　시 작됐 는 지

산 너머 인지　바 다건 넌지　너 무너 무얄 미 워

*표시 음은 양손이 겹치는 것을 피하기 위해 치고나서 바로 들어준다.

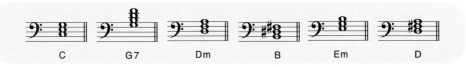

C　　G7　　Dm　　B　　Em　　D

가을바람

김규환 작사
김규환 작곡
임혜정 반주

살 랑 살 랑 살 랑　　살 랑 살 랑 살 랑
살 랑 살 랑 살 랑　　살 랑 살 랑 살 랑

가 을 바 람 살 랑　　불 어 옵 니 다
가 을 바 람 살 랑　　불 어 옵 니 다

Fine

뱅 글 뱅 글 뱅 글 　 단 풍 잎
소 근 소 근 소 　 근 　 가 랑 잎

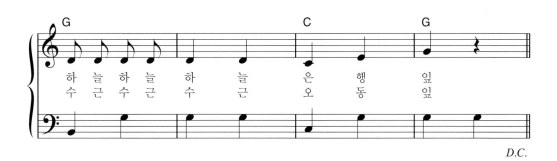

하 늘 하 늘 하 　 늘 　 은 행 잎
수 근 수 근 수 　 근 　 오 동 잎

D.C.

가을바람

김규환 작사
김규환 작곡
임혜정 반주

살랑 살랑 살 랑　　살 랑 살 랑 살　랑
살 랑 살 랑 살 랑　　살 랑 살 랑 살　랑

가 을 바 람 살　랑　　불 어 옵 니 다
가 을 바 람 살　랑　　불 어 옵 니 다

Fine

가을바람

김규환 작사
김규환 작곡
임혜정 반주

Fine

※표시 음은 양손이 겹치는 것을 피하기 위해 치고나서 바로 들어준다.

곰세마리

외국 곡
임혜정 반주

곰 세 마 리 가 한 집 에 있 어 아 빠 곰 엄 마 곰 애 기 곰

아 빠 곰 은 뚱 뚱 해 엄 마 곰 은 날 씬 해

애 기 곰 은 너 무 귀 여 워 알 콩 달 콩 산 대 요

C   G7

중급

곰 세 마리

외국 곡
임혜정 반주

C

곰 세 마리 가 한 집에 있 어 아빠 곰 엄마 곰 애 기 곰

아 빠 곰 은 뚱 뚱 해 엄 마 곰 은 날 씬 해

G7 C

애 기 곰 은 너 무 귀 여 워 알 콩 달 콩 산 대 요

C   G7

곰 세 마리

외국 곡
임혜정 반주

C   G7

그대로 멈춰라

김방옥 작사
김방옥 작곡
임혜정 반주

즐 겁 게　　춤 을 추 다 가　　그 대 로 멈 춰　　라

즐 겁 게　　춤 을 추 다 가　　그 대 로 멈 춰　　라

Fine

눈 도 감지말고　웃 지 도 말 고　　울 지 도 말 고　　움 직 이 지 마

D.S.

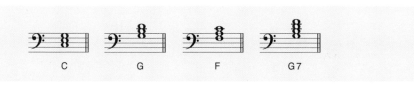

C　　　G　　　F　　　G7

그대로 멈춰라

김방옥 작사
김방옥 작곡
임혜정 반주

즐 겁 게   춤 을 추 다 가   그 대 로 멈 춰   라

즐 겁 게   춤 을 추 다 가   그 대 로 멈 춰   라

눈 도 감지말고 웃 지 도 말 고   울 지 도 말 고   움 직 이 지 마

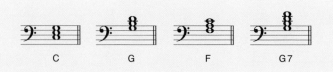

C   G   F   G7

그대로 멈춰라

김방옥 작사
김방옥 작곡
임혜정 반주

즐겁게 춤을추다가 그대로멈춰라

즐겁게 춤을추다가 그대로멈춰라

Fine

눈도 감지말고 웃지도말고 울지도말고 움직이지마

D.S.

※표시 음은 양손이 겹치는 것을 피하기 위해 치고나서 바로 들어준다.

C   G7   F

김치

이창민 작사
임혜정 작곡

김치

이창민 작사
임혜정 작곡

배 추 가 파란 옷을 벗 고　　빨간 옷을 입었 어 요

파　마늘 생강 소금 친구 들이　　함께 놀자 찾아 왔어 요

우 리들은 신이 나서 마구 뛰어 놀았 어요　이 리 뒹굴 저리 뒹굴 정신 없이 굴렀 지요

*표시 음은 양손이 겹치는 것을 피하기 위해 치고나서 바로 들어준다.

김치

이창민 작사
임혜정 작곡

배추가파란옷을벗고 빨간옷을입었어요
파마늘생강소금친구들이 함께놀자고찾아왔어요
우리들은신이나서 마구뛰어놀았어요 이리뒹굴저리뒹굴 정신없이굴렀지요

조금느리게

이 젠 모 두 지 쳐 식 탁 위 에 접 시 에 서 쉬 고 있 어 요

생기있고 빠르게

하하 하하 하하 하하 맛 – 좋 은 김 치 가 됐 네

하하 하하 하하 하하 맛 – 좋 은 김 치 가 됐 네

＊표시 음은 양손이 겹치는 것을 피하기 위해 치고나서 바로 들어준다.

꼬마 불자동차

김성균 작사
김성균 작곡
임혜정 반주

빨 간 꼬 마 불 자 동 차 가   윙 윙 소 리 내 며 갑 니 다
빨 간 꼬 마 불 자 동 차 가   잉 잉 잉 잉 울 며 갑 니 다

어 서 길 을 비 켜 달 라 고   윙 ─ ─ ─ ─ ─ ─
길 이 너 무 막 혀 늦 었 다 고   잉 ─ ─ ─ ─ ─ ─

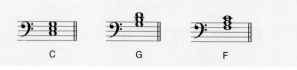

C   G   F

꼬마 불자동차

김성균 작사
김성균 작곡
임혜정 반주

빨 간 꼬마불자 동 차 가   윙 윙 소리내며 갑 니 다
빨 간 꼬마불자 동 차 가   잉 잉 잉잉울며 갑 니 다

어 서 길을비켜 달 라 고   윙 ⎯ ⎯ ⎯ ⎯ ⎯ ⎯
길 이 너무막혀 늦었 다 고   잉 ⎯ ⎯ ⎯ ⎯ ⎯ ⎯

C   G   F   G7

꼬마 불자동차

김성균 작사
김성균 작곡
임혜정 반주

빨 간 꼬마불자 동 차 가   윙 윙 소리내며 갑 니 다
빨 간 꼬마불자 동 차 가   잉 잉 잉잉울며 갑 니 다

어 서 길을비켜 달 라 고   윙 ------ -
길 이 너무막혀 늦었다 고   잉 ------ -

C   G   F   G7

나는 기쁘다

외국 곡
임혜정 반주

나 는 - 기 쁘 다　　나 는 - 기 쁘 다
I　am so ha - ppy　I　am so ha - ppy

나 는 - 기 쁘 다　　정 말 기 쁘 다
I　am so ha - ppy　ha - ppy all the day

C　　　G　　　G7

나는 기쁘다

외국 곡
임혜정 반주

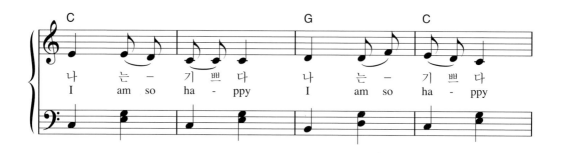

나 는 − 기 쁘 다　나 는 − 기 쁘 다
I　am　so　ha − ppy　I　am　so　ha − ppy

나 는 − 기 쁘 다　정 말 기 쁘 다
I　am　so　ha − ppy　ha − ppy all the day

C　　G　　G7

나는 기쁘다

외국 곡
임혜정 반주

나 는 — 기 쁘 다 나 는 — 기 쁘 다
I am so ha - ppy I am so ha - ppy

나 는 — 기 쁘 다 정 말 기 쁘 다
I am so ha - ppy ha - ppy all the day

C   G   G7

나는 누구일까요

임혜정 작사
임혜정 작곡

코 가 길 고 　 뚱 — 뚱 — 한 　 나 는 누 구 일 까 　 요
목 이 길 고 　 키 — 가 — 큰 　 나 는 누 구 일 까 　 요
귀 가 길 고 　 동 그 란 눈 의 　 나 는 누 구 일 까 　 요
입 이 크 고 　 뚱 — 뚱 — 한 　 나 는 누 구 일 까 　 요

나 는 알 지 요 　 　 나 는 알 지 요 　 　 당 — 신 은 기 — 린 　
코 끼 리
토 — 끼
하 — 마

C　　　　G　　　　G7

나는 누구일까요

임혜정 작사
임혜정 작곡

나는 누구일까요

임혜정 작사
임혜정 작곡

코 가 길 고　뚱 － 뚱 － 한　나 는 누 구 일 까　요
목 이 길 고　키 － 가 － 큰　나 는 누 구 일 까　요요
귀 가 길 고　동 그 란 눈 의　나 는 누 구 일 까　요요
입 이 크 고　뚱 － 뚱 － 한　나 는 누 구 일 까　요

나 는 알 지 요　나 는 알 지 요　당 － 신 은 기 코 끼 리 린 까 끼
　　　　　　　　　　　　　　토 하 － － 마

C　　G　　G7

나무야

강소천 작사
김공선 작곡
임혜정 반주

나무야 나무야 서서자는나무야
나무야 나무야 다 리아프지
나무야 나무야 누워서자거라

C   F   G   G7

나무야

강소천 작사
김공선 작곡
임혜정 반주

나 무 야　　나 무 야　　서서자는나 무　야

나 무 야　　나 무 야　　다　리아프 지

나 무 야　　나 무 야　　누 워서자 거 라

C　　F　　G　　G7

나무야

강소천 작사
김공선 작곡
임혜정 반주

C F Dm F#dim G7

내 동생

조운파 작사
최종혁 작곡
임혜정 반주

내 동 생 곱 슬 머 리 개 구 장 이 내 동 생

이 름 은 하 나 인 데 별 명 은 서 너 개

엄 마 가 부 를 때 는 꿀 돼 지 아 빠 가 부 를 때 는 두 꺼 비

누 나 가 부 를 때 는 왕   자 님   —

어 떤 게   진 짜 인 지   몰 라 몰 라   몰 라

※표시 음은 양손이 겹치는 것을 피하기 위해 치고나서 바로 들어준다.

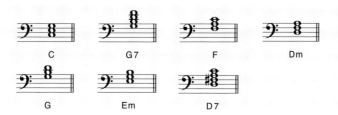

C   G7   F   Dm

G   Em   D7

내 동생

조운파 작사
최종혁 작곡
임혜정 반주

내 동생 곱슬머리 개구장이 내 동생

이름은 하나인데 별명은 서너 개

엄마가 부를때는 꿀돼지 아빠가 부를때는 두꺼비

누 나 가 부 를 때 는 왕　　자　　님　　　　－

어 떤 게　　진 짜 인 지　　몰 라 몰 라　　몰　라

내 동생

조운파 작사
최종혁 작곡
임혜정 반주

내 동 생 곱 슬 머 리 개 구 장 이 내 동 생

이 름 은 하 나 인 데 별 명 은 서 너 개

엄 마 가 부 를 때 는 꿀 돼 지 아 빠 가 부 를 때 는 두 꺼 비

누 나 가 부 를 때 는 왕   자 님   —

어 떤 게   진 짜 인 지   몰 라 몰 라 몰 라

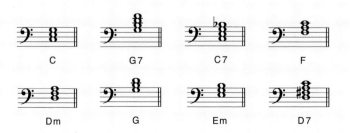

C   G7   C7   F

Dm   G   Em   D7

도레미송

외국 곡
임혜정 반주

도 는예 쁜 도라 지 꽃
레 는새콤한레 몬 미 는쫄깃쫄깃 인 절 미
파 는파랑새의 파 솔 은솔방울의 솔
라 는라 일락의 라 시 는 시 냇물의 시 처음

중급

도레미송

외국 곡
임혜정 반주

도레미송

외국 곡
임혜정 반주

도 는예쁜 도라지 꽃

레 는새콤한레 몬   미 는쫄깃쫄깃 인 절 미

파 는파랑새의 파   솔 은솔방울의 솔

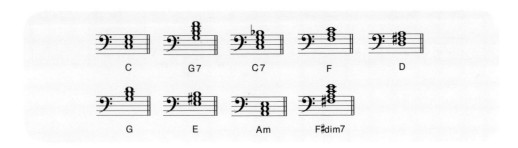

초급 12 달팽이집

모차르트 작곡
임혜정 반주

C F C F C G7 C

달 팽 이 집 을 지 읍 시 다 어 여 쁘 게 지 읍 시 다

G C G7 C G C G7

점 점 좁 게 점 점 좁 게 점 점 넓 게 점 점 넓 게

C F C F C G7 C

달 팽 이 집 을 지 읍 시 다 어 여 쁘 게 지 읍 시 다

C F G7 G

달팽이집

모차르트 작곡
임혜정 반주

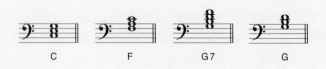

달팽이집

모차르트 작곡
임혜정 반주

C   F C   G   C   G   C

달 팽이집 을 지읍시 다   어여쁘 게 지읍시 다

G7   C   G7   C   G7   C   G7

점점좁게 점점좁게 점점넓게 점점넓게

C   F C   G7   C   G   C

달 팽이집 을 지읍시 다   어여쁘 게 지읍시 다

*표시 음은 양손이 겹치는 것을 피하기 위해 치고나서 바로 들어준다.

C   F   G   G7

동물놀이

임혜정 작사
임혜정 작곡

우리모 두다 같 이　　　동 물놀 이합 시　다

이 름을부 르 면　　　빨 리나 오세　요

귀 엽고예 ― 쁜　생 쥐ー아 가 씨　예　　　나 여기있 어
뚱 뚱한몸 매의　코 끼리아 저 씨　예　　　나 여기있 어
힘 세고용 감한　호 랑이아 저 씨　예　　　나 여기있 어

※표시 음은 양손이 겹치는 것을 피하기 위해 치고나서 바로 들어준다.

동물놀이

임혜정 작사
임혜정 작곡

우 리모 두다 같 이　　　동 물놀 이합 시 다

이 름을부르 면　　　빨 리나 오세 요

귀　엽고예 — 쁜　생 쥐 — 아 가 씨　　　예　　　나 여 기있 어
뚱　뚱 한몸 매의　코 끼리아 저 씨　　　예　　　나 여 기있 어
힘　세고용 감한　호 랑이아 저 씨　　　예　　　나 여 기있 어

예쁜귀 예쁜눈 — 토끼아가씨
요요 바다의 수영선수 거북이총각
요 예쁜몸매 — 의 — 펭귄아가씨

예 나 여기있 어 요요
예예 나 여기있 어 요요
예 나 여기있 어 요

*표시 음은 양손이 겹치는 것을 피하기 위해 치고나서 바로 들어준다.

동물놀이

임혜정 작사
임혜정 작곡

우 리 모 두 다 같 이   동 물 놀 이 합 시 다

이 름 을 부 르 면   빨 리 나 오 세 요

귀 엽 고 예 - 쁜 생 쥐 - 아 가 씨   예   나 여 기 있 어
뚱 뚱 한 몸 매 의 코 끼 리 아 저 씨   예   나 여 기 있 어
힘 세 고 용 감 한 호 랑 이 아 저 씨   예   나 여 기 있 어

돌아돌아

작자 미상
임혜정 반주

손뼉치고손뼉치고 짝 짝 짝   손뼉치고손뼉치고 짝 짝 짝

돌아돌아돌아돌아 짝 짝 짝   돌아돌아돌아돌아 짝 짝 짝

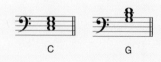

C   G

돌아돌아

작자 미상
임혜정 반주

손 뼉 치 고 손 뼉 치 고　짝 짝 짝　　　손 뼉 치 고 손 뼉 치 고　짝 짝 짝

돌 아 돌 아 돌 아 돌 아　짝 짝 짝　　　돌 아 돌 아 돌 아 돌 아　짝 짝 짝

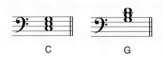

C　　G

돌아돌아

작자 미상
임혜정 반주

손 뼉 치 고 손 뼉 치 고　짝　짝　짝　　손 뼉 치 고 손 뼉 치 고　짝　짝　짝

돌 아 돌 아 돌 아 돌 아　짝　짝　짝　　돌 아 돌 아 돌 아 돌 아　짝　짝　짝

*표시 음은 양손이 겹치는 것을 피하기 위해 치고나서 바로 들어준다.

초급
15

둘이 살짝

박경문 작사
김방옥 작곡
임혜정 반주

C   G7

둘 이 살 짝   손 잡고   오른 쪽으 로   돌 아요

C   G7   C

둘 이 살 짝   손 잡고   왼 쪽으 로   돌 아요

Fine

F   C   G7   C

내 무릎 치 고   네 어깨 치 고   내 손뼉 치 고   네 손뼉 치 고

F   C   G7   C

내 무릎 치 고   네 어깨 치 고   내 손뼉 치 고   네 손뼉 치 고

D.C.

C   G7   F

둘이 살짝

박경문 작사
김방옥 작곡
임혜정 반주

둘이살짝 손 잡고 오른쪽으로 돌아요

둘이살짝 손 잡고 왼쪽으로 돌아요

Fine

내 무릎치고 네 어깨치고 내 손뼉치고 네 손뼉치고

내 무릎치고 네 어깨치고 내 손뼉치고 네 손뼉치고

D.C.

C　　G7　　F

고급

둘이 살짝

박경문 작사
김방옥 작곡
임혜정 반주

초급
16

루돌프 사슴코

외국 곡
임혜정 반주

루돌프사슴코는   매우반짝이는 코

만일 네가 봤 다면   불붙는다했겠 지

다른 모든 사 슴 들   놀려대며웃었 네

가엾은저루 돌 프   외톨이가되었 네

루돌프 사슴코

외국 곡
임혜정 반주

루돌프사슴코는 매우반짝이는코

만일네가봤다면 불붙는다했겠지

다른모든사슴들 놀려대며웃었네

가엾은저루돌프 외톨이가되었네

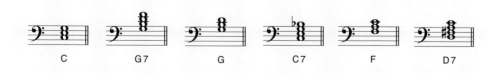

루돌프 사슴코

외국 곡
임혜정 반주

루돌프사슴코는 　 매우반짝이는코

만일네가봤다면 　 불붙는다했겠지

다른모든사슴들 　 놀려대며웃었네

가엾은저루돌프 　 외톨이가되었네

안 개 낀 성 탄 절 날 – 산 타 말 하 길
루 돌 프 코 가 밝 으 니 썰 매 를 끌 어 주 렴 –
그 후 론 사 슴 들 이 그 를 매 우 사 랑 했 네
루 돌 프 사 슴 코 는 길 이 길 이 기 억 되 리

＊표시 음은 양손이 겹치는 것을 피하기 위해 치고나서 바로 들어준다.

C   G7   C7   F   G   D7

마귀할멈과 유리공주

문형만 작사
문형만 작곡
임혜정 반주

도 깨비 와 마 귀 할 멈   유 리 성 에 찾 아 와

유 리 공 주 마 술 걸 어   몰 래 데 려 갔 대 요

그   때 에   멋 진 왕 자 님   말 을 타 고 찾 아   와

도 깨비 와마 귀 할 멈 용 감하 게이 기 고

공 주님 과결 혼 해 서 행 복하 게살 았 네

C   G   G7   F   D

마귀할멈과 유리공주

문형만 작사
문형만 작곡
임혜정 반주

도 깨비 와마 귀 할 멈   유 리성 에찾 아   와

유 리공 주마 술 걸   어   몰 래데 려갔 대   요

그   때 에 멋 진왕 자님   말 을타 고찾 아   와

도 깨비 와마 귀 할 멈   용 감 하 게 이 기 고

공 주 님 과결 혼 해 서   행 복 하 게 살 았 네

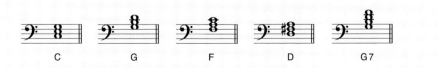

C   G   F   D   G7

마귀할멈과 유리공주

문형만 작사
문형만 작곡
임혜정 반주

도 깨비와마 귀 할 멈 유 리성에찾아 와

유 리공 주마 술 걸 어 몰 래데려갔대 요

그 때에 멋진왕 자님 말 을타 고찾 아 와

머리 어깨 무릎 발

외 국 곡
임혜정 반주

C

머 리 어깨 무릎 발 무릎발 머 리 어깨 무릎 발 무릎 발 - - - -   G7

C   F   G7   C

머 리 어 깨 발 - 무릎발 머 리 어깨무릎 귀 코 귀

C   G7   F

머리 어깨 무릎 발

외국 곡
임혜정 반주

머리 어깨 무릎 발

외국 곡
임혜정 반주

머 리어깨무릎 발 무릎발   머 리어깨무릎 발 무릎발－－－

머 리어 깨 발－무릎발   머 리어깨무릎 귀 코 귀

❋표시 음은 양손이 겹치는 것을 피하기 위해 치고나서 바로 들어준다.

C   Dm   G   C7   F   G7

모두 제자리

김성균 작사
김성균 작곡
임혜정 반주

모두제자리　　모두제자리　　모두모두제　자　리

모두제자리　　모두제자리　　모두모두제　자　리

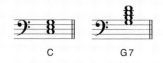

C　　G7

모두 제자리

김성균 작사
김성균 작곡
임혜정 반주

모두제자리　　모두제자리　　모두모두제 자 리

모두제자리　　모두제자리　　모두모두제 자 리

C　　G　　G7

모두 제자리

김성균 작사
김성균 작곡
임혜정 반주

모두제자리　　모두제자리　　모두모두제　자　리

모두제자리　　모두제자리　　모두모두제　자　리

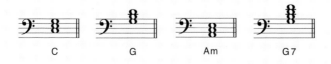

C　　　G　　　Am　　　G7

바다와 하늘은 똑같아요

작자 미상
임혜정 작곡

조금 느리고 정답게

바 다 와 하 늘 은 똑 같 아 요

바 다 도 넓 — 고   하 늘 도 넓 — 고

바 다 도 파 랗 고   하 늘 도 파 랗 고

C   F   G   G7

바다와 하늘은 똑같아요

작가 미상
임혜정 작곡

※표시 음은 양손이 겹치는 것을 피하기 위해 치고나서 바로 들어준다.

바다와 하늘은 똑같아요

작자 미상
임혜정 작곡

조금 느리고 정답게

C   C7   F   C
바 다 와 하 늘 은 똑 같 아 요

G7   C
바 다 도 넓 — 고   하 늘 도 넓 — 고

D   G7   Fm   C
바 다 도 파 랗 고   하 늘 도 파 랗 고

모여라

작자 미상
임혜정 반주

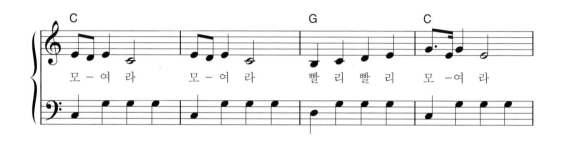

모 - 여 라　　모 - 여 라　　빨 리 빨 리　모 - 여 라

우 리 들 은　착 한 친 구　　빨 리 빨 리　모 - 여 라

C　　G　　F

모여라

작자 미상
임혜정 반주

모 - 여 라　　모 - 여 라　　빨 리 빨 리　모 - 여 라

우 리 들 은　착 한 친 구　　빨 리 빨 리　모 - 여 라

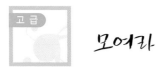

모여라

작자 미상
임혜정 반주

모-여 라　모-여 라　빨리빨리 모-여라

우 리 들 은　착한친 구　빨리빨리 모-여 라

C　　G7　　F　　G

초급
22

바윗돌 깨뜨려

외국 곡
임혜정 반주

바 윗돌깨 뜨려 돌 덩 이　 돌 덩이깨 뜨려 돌 멩 이
도 랑물모 여서 개 울 물　 개 울물모 여서 시 냇 물

돌 멩이깨 뜨려 자 갈 돌　 자 갈돌깨 뜨려 모 래 알
시 냇물모 여서 큰 강 물　 큰 강물모 여서 바 닷 물

랄 라랄라라 랄라라　 랄 라랄라라 랄라라

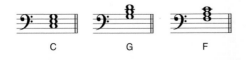

C　　G　　F

중급

바윗돌 깨뜨려

외국 곡
임혜정 반주

바 윗돌깨 뜨려 돌 덩 이
도 랑물모 여서 개 울 물

돌 덩이깨 뜨려 돌 멩 이
개 울물모 여서 시 냇 물

돌 멩이깨 뜨려 자 갈 돌
시 냇물모 여서 큰 강 물

자 갈돌깨 뜨려 모 래 알
큰 강물모 여서 바 닷 물

랄 라랄라라 랄 라 라
랄 라랄라라 랄 라 라

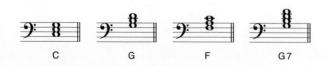

C   G   F   G 7

바윗돌 깨뜨려

외국 곡
임혜정 반주

바 윗돌깨 뜨려 돌 덩 이
도 랑물모 여서 개 울 물

돌 덩이깨 뜨려 돌 멩 이
개 울물모 여서 시 냇 물

돌 멩이깨 뜨려 자 갈 돌
시 냇물모 여서 큰 강 물

자 갈돌깨 뜨려 모 래 알
큰 강물모 여서 바 닷 물

랄 라랄 라라 랄라라
랄 라랄라라 랄라라

※표시 음은 양손이 겹치는 것을 피하기 위해 치고나서 바로 들어준다.

C   G7   F

병원놀이

임혜정 작사
임혜정 작곡

나는 나는 이가 아파 요 나 좀 도와주세 요
나는 나는 눈이 아파 요 나 좀 도와주세 요
나는 나는 배가 아파 요 나 좀 도와주세 요
나는 나는 코가 아파 요 나 좀 도와주세 요
나는 나는 귀가 아파 요 나 좀 도와주세 요

여 기는 치 – 과 – 병원입니다 어서어서오 세 요
여 기는 안 – 과 – 병원입니다 어서어서오 세 요
여 기는 소아과 병원입니다 어서어서오 세 요
여 기는 이비인후과 병원입니다 어서어서오 세 요
여 기는 이비인후과 병원입니다 어서어서오 세 요

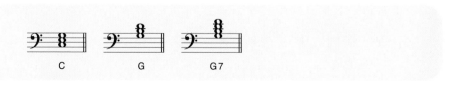

C   G   G7

병원놀이

임혜정 작사
임혜정 작곡

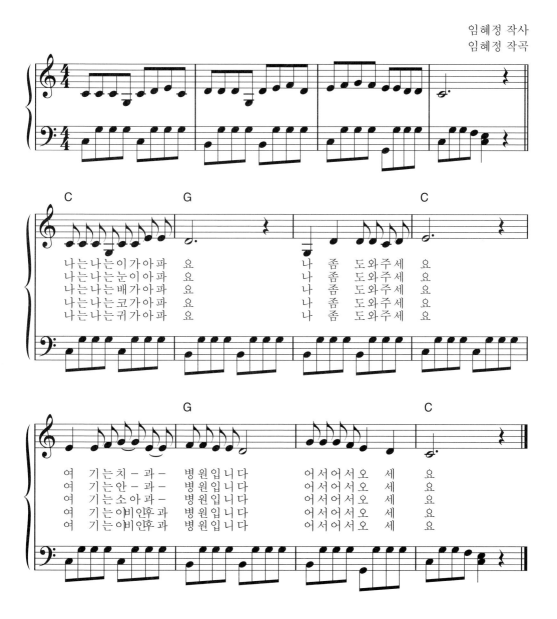

나는 나는 이가 아파 요　　　나 좀 도와주세 요
나는 나는 눈이 아파 요　　　나 좀 도와주세 요
나는 나는 배가 아파 요　　　나 좀 도와주세 요
나는 나는 코가 아파 요　　　나 좀 도와주세 요
나는 나는 귀가 아파 요　　　나 좀 도와주세 요

여 기는 치 – 과 – 병원입니다　어서어서오 세 요
여 기는 안 – 과 – 병원입니다　어서어서오 세 요
여 기는 소아과 – 병원입니다　어서어서오 세 요
여 기는 이비인후과 병원입니다　어서어서오 세 요
여 기는 이비인후과 병원입니다　어서어서오 세 요

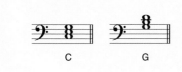

병원놀이

임혜정 작사
임혜정 작곡

C   G7   *   C

나는 나는 이 가 아 파 요   나 좀 도 와 주 세 요
나는 나는 눈 이 아 파 요   나 좀 도 와 주 세 요
나는 나는 배 가 아 파 요   나 좀 도 와 주 세 요
나는 나는 코 가 아 파 요   나 좀 도 와 주 세 요
나는 나는 귀 가 아 파 요   나 좀 도 와 주 세 요

G7   C

여 기 는 치 – 과 – 병 원 입 니 다   어 서 어 서 오 세 요
여 기 는 안 – 과 – 병 원 입 니 다   어 서 어 서 오 세 요
여 기 는 소 아 과 – 병 원 입 니 다   어 서 어 서 오 세 요
여 기 는 이 비 인 후 과 병 원 입 니 다   어 서 어 서 오 세 요
여 기 는 이 비 인 후 과 병 원 입 니 다   어 서 어 서 오 세 요

*표시 음은 양손이 겹치는 것을 피하기 위해 치고나서 바로 들어준다.

C   G7

봄비

임혜정 작사
임혜정 작곡

봄 비가 내렸어 요 — 봄 비가 내렸어 요 —

땅 속의 새싹들 이 간지러 워 서 쏙— —쏙 고 개를 내밀어 요
꽃 들은 봄—비 에 세수를 하 고 나를보 고 예 쁘게 웃어 줘 요
잠 자던 개구리 들 모두일 어 나 개굴 개 굴 즐 겁게 노 래해 요

C   G7   F   G

봄비

부드럽고 곱게

임혜정 작사
임혜정 작곡

C / G7 / C

봄 비가 내렸어 요 — 봄 비가 내렸어 요 —

F / C / G7 C

땅 속의 새싹들 이 간지러 워 서 쏙― ―쏙 고 개를 내 밀어 요
꽃 들은 봄―비 에 세수를 하 고 나를 보고 예 쁘게 웃 어 줘요
잠 자던 개구리 들 모두일 어 나 개굴 개 굴 즐 겁게 노 래해 요

C   G7   F

봄비

임혜정 작사
임혜정 작곡

부드럽고 곱게

봄 비가 내렸어 요 — 봄 비가 내렸어 요 —

땅 속의 새싹들 이 　간지러 워 서　쏙－－쏙 고 개를 　내밀어 요
꽃 들은 봄－비 에 　세수를 하 고　나를 보 고 예 쁘게 　웃 어 줘요
잠 자던 개구리 들 　모두일 어 나　개굴 개 굴 즐 겁게 　노 래 해요

C　　G7　　G　　F

사과 같은 내 얼굴

김방옥 작사
외국 곡
임혜정 반주

사과같은 내얼굴 예쁘기도 하지요

눈도반짝 코도반짝 입도반짝 반짝

C　　G7　　G

사과 같은 내 얼굴

김방옥 작사
외국 곡
임혜정 반주

사 과 같 은   내 얼굴   예 쁘 기 도   하 지요

눈 도 반 짝   코 도 반 짝   입 도 반 짝   반 짝

사과 같은 내 얼굴

김방옥 작사
외국 곡
임혜정 반주

사 과 같 은   내 얼굴   예 쁘 기 도   하 지 요

눈 도 반 짝   코 도 반 짝   입 도 반 짝   반 짝

C   G   F   G 7

새들의 결혼식

외국 곡
임혜정 반주

저 푸른 숲에 새들 모여 결혼식을 한대요 디디

랄랄라 디디 랄랄라 디디 랄랄라 랄랄라 라

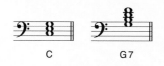

C · G7

새들의 결혼식

외국 곡
임혜정 반주

저 푸른 숲에 새들 모여 결혼식을 한대요 디디

랄 랄 라 디디 랄 랄 라 디디 랄랄라 랄랄라 라

새들의 결혼식

외국 곡
임혜정 반주

저 푸른 숲에 새들모여 결혼식을 한대요 디디

랄 랄 라 디디 랄 랄 라 디디 랄랄라 랄랄라 라

C   G   G7

세계의 아침인사

윤현진 작사
윤현진 작곡
임혜정 반주

세계의 아침인사

윤현진 작사
윤현진 작곡
임혜정 반주

세계의 아침인사

윤현진 작사
윤현진 작곡
임혜정 반주

세 계 의 친 구 들 과 — 아 침 인 사 해 보 자 —

세 계 의 친 구 들 은 — 어 떻 게 인 사 할 까 —

미 국 친 구 는 굿 모 닝 일 본 친 구 는 오 하 이 오

프 랑 스 친 구 는 봉 주 르 독 일 친 구 는 구 텐 모 르 겐

※표시 음은 양손이 겹치는 것을 피하기 위해 치고나서 바로 들어준다.

씩씩한 어린이

임혜정 작사
임혜정 작곡

씩씩한 어린이

임혜정 작사
임혜정 작곡

씩씩한 어린이

임혜정 작사
임혜정 작곡

나 는 아 직 어 리지만 — 힘 도세지않지 만

나 는 정 말 씩 씩 합 니 다 나 는 나 는 멋 쟁 이

넘 어 져 도 울 지않고 — 툭 툭 털 고 일 어 나 고 —

아 플 때 도 울 지않고 — 부 딪혀 도울 지않 고 —

*표시 음은 양손이 겹치는 것을 피하기 위해 치고나서 바로 들어준다.

아기염소

이해별 작사
이순형 작곡
임혜정 반주

파 란 하늘 파 란하늘꿈이 드 리 운푸른언덕 에

아기염소여럿이 풀을뜯고놀아요 해 처 럼밝은얼굴 로

빗방울이뚝뚝뚝뚝 떨어지는날에는 잔뜩찡그린얼 굴 로

엄마찾아음-매 아빠찾아음-매 울상 을짓 다 가

해가 반짝 곱 게피어 나면 너무 나기다렸나 봐

폴짝폴짝콩콩콩 흔들흔들콩콩콩 신나 는아기염소 들

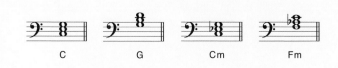

C   G   Cm   Fm

아기염소

이해별 작사
이순형 작곡
임혜정 반주

파 란 하늘 파 란하늘꿈이 드 리 운푸른언덕 에

아 기염소여럿이 풀 을뜯고놀아요 해 처 럼밝은얼굴 로

빗방울이뚝뚝뚝뚝 떨어지는날에는 잔뜩찡그린얼 굴 로

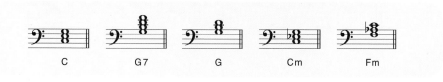

아기염소

이해별 작사
이순형 작곡
임혜정 반주

파 란 하늘   파 란하늘꿈이   드 리 운푸른언덕 에

아기염소여럿이   풀을뜯고놀아요   해 처 럼밝은얼굴 로

빗방울이뚝뚝뚝뚝   떨어지는날에는   잔뜩찡그린얼 굴 로

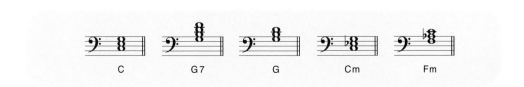

＊표시 음은 양손이 겹치는 것을 피하기 위해 치고나서 바로 들어준다.
＊＊이 부분은 오른손으로 연주하면 수월하다.

엄마돼지 아기돼지

박홍근 작사
김규환 작곡
임혜정 반주

토실토실아기 돼 - 지 젖달라고꿀 꿀 꿀
토실토실아기 돼 - 지 나가자고꿀 꿀 꿀

엄마돼지오 냐 오 - 냐 알았다고꿀 꿀 꿀
엄마돼지비 가 와 - 서 안된다고꿀 꿀 꿀

Fine

꿀 꿀 꿀 꿀 꿀 꿀 꿀 꿀 꿀꿀꿀꿀 꿀꿀꿀꿀 꿀꿀꿀꿀꿀

D.C.

C G

엄마돼지 아기돼지

박홍근 작사
김규환 작곡
임혜정 반주

엄마돼지 아기돼지

박홍근 작사
김규환 작곡
임혜정 반주

토실토실아 기 돼 - 지　젖 달라고꿀 꿀 꿀
토 실 토실아 기 돼 - 지　나 가자고꿀 꿀 꿀

엄마돼지오 냐 오 - 냐　알 았 다고꿀 꿀 꿀
엄 마돼지비 가 와 - 서　안 된 다고꿀 꿀 꿀

꿀 꿀 꿀 꿀　꿀 꿀 꿀 꿀　꿀꿀꿀꿀　꿀꿀꿀꿀　꿀 꿀 꿀 꿀 꿀

Fine

D.C.

C　G

열 꼬마 인디언

미국 민요
임혜정 반주

한 꼬마 두 꼬마 세 꼬마 인디언　네 꼬마 다섯 꼬마　여섯 꼬마 인디언

일곱 꼬마 여덟 꼬마　아홉 꼬마 인디언　열 꼬마 인 디 언

※표시 음은 양손이 겹치는 것을 피하기 위해 치고나서 바로 들어준다.

C　　G7

열 꼬마 인디언

미국 민요
임혜정 반주

한 꼬마 두 꼬마 세 꼬마 인디언　네 꼬마 다섯 꼬마　여섯 꼬마 인디언

일곱 꼬마 여덟 꼬마　아홉 꼬마 인디언　열 꼬마 인 디 언

C　G　G7

열 꼬마 인디언

미국 민요
임혜정 반주

C   G   G7

예절 바른 어린이

임혜정 작사
임혜정 작곡

어른들을 만나 면 – 안녕하세요 인 사 잘 하 고

어른들이 부르시면 – 네 네 대 답하지 요

어른들이 주 시 는건 – 두 손으로 받 고요 –

어른들께 드 리 는건 – 두 손으로 드 리죠 –

＊표시 음은 양손이 겹치는 것을 피하기 위해 치고나서 바로 들어준다.

예절 바른 어린이

임혜정 작사
임혜정 작곡

어른들을 만나 면 – 안녕하세요 인 사잘하 고

어른들이 부르시면 – 네 네 대 답하지 요

어른들이 주시는건 – 두 손으로 받 고요 –

어른들께 드 리는건 – 두 손으로드 리죠 –

＊표시 음은 양손이 겹치는 것을 피하기 위해 치고나서 바로 들어준다.

C F G7

예절 바른 어린이

임혜정 작사
임혜정 작곡

오! 파랑새가

외국 곡
임혜정 반주

오 파랑새가 날아왔네 저 창문으로 날아왔네

오 파랑새가 날아왔네 참 예쁘네요

파랑새가 춤을 추고있네 파랑새가 춤을 추고있네

파랑새가 춤을 추고있네 날 아 가네요

C G G7

오! 파랑새가

외국 곡
임혜정 반주

오 파랑새가 날아왔네 저 창문으로 날아왔네

오 파랑새가 날아왔네 참 예쁘네 요

파랑새가 춤을 추고있 네 파랑새가 춤을 추고있 네

파랑새가 춤을 추고있 네 날 아가네 요

C G G7

오! 파랑새가

외국 곡
임혜정 반주

오 파랑 새가 날아 왔 네 저 창문 으로 날아 왔 네

오 파랑 새가 날아 왔 네 참 예쁘네 요

파 랑 새가 춤을 추고 있 네 파 랑 새가 춤을 추고 있 네

파 랑 새가 춤을 추고 있 네 날 아 가 네 요

※표시 음은 양손이 겹치는 것을 피하기 위해 치고나서 바로 들어준다.

C　　　G　　　G7

우리나라 것

임혜정 작사
임혜정 작곡

우 리 나 라 국 기는- 태 극 기랍 니 다

우 리 나 라 이 름은- 대한민 국입 니 다

그 리고- 우 리는- 대 한 의자랑스런 아 들 딸

C   G7   F   G

우리나라 것

임혜정 작사
임혜정 작곡

우리 나라 국 기는— 태 극기랍 니 다

우리 나라 이 름은— 대한민국입 니 다

그 리고— 우 리는— 대 한의자랑스런 아 들 딸

C   G7   F

우리나라 것

임혜정 작사
임혜정 작곡

우 리 나 라 국 기 는 - 태 극 기 랍 니 다

우 리 나 라 이 름 은 - 대 한 민 국 입 니 다

그 리 고 - 우 리 는 - 대 한 의 자 랑 스 런 아 들 딸

＊표시 음은 양손이 겹치는 것을 피하기 위해 치고나서 바로 들어준다.

C   D7   G   G7   C7   F

유치원가

임혜정 작사
임혜정 작곡

우 리 들 은 씩 -씩 한- ○○유치원 어 린 이

몸 도 튼 튼 마 음 도 깨 끗 - ○○유치원 어 린 이

재 미 있 게 배 우 고 즐 겁게뛰 놀- 고

정 말 재 미있는 ○○유치원 우 리 들 의 꿈 동 산

※표시 음은 양손이 겹치는 것을 피하기 위해 치고나서 바로 들어준다.

유치원가

임혜정 작사
임혜정 작곡

우리들은 씩 -씩한 - ○○유치원 어린 이

몸 도 튼 튼 마음도깨끗 - ○○유치원 어린 이

재 미 있 게 배 우 고 즐 겁게뛰 놀 - 고

정 말 재미있는 ○○유치원 우 리들의꿈 동 산

※표시 음은 양손이 겹치는 것을 피하기 위해 치고나서 바로 들어준다.

C   G   F   G7   D7   Em

이 몸이 새라면

외국 곡
임혜정 반주

이 몸이 새 라면 이 몸이 새 라면

날 아 가 리 저 건 너 보 이 는

저 건 너 보 이 는 작은섬 까 지

C   G7   G

이 몸이 새라면

외국 곡
임혜정 반주

이 몸 이 새 라 면 이 몸 이 새 라 면

날 아 가 리 저 건 너 보 이 는

저 건 너 보 이 는 작은섬 까 지

이 몸이 새라면

외국 곡
임혜정 반주

작은 별

모차르트 작곡
임혜정 반주

작은 별

모차르트 작곡
임혜정 반주

작은 별

모차르트 작곡
임혜정 반주

*표시 음은 양손이 겹치는 것을 피하기 위해 치고나서 바로 들어준다.

코끼리와 거미줄

강소천 작사
한용희 작곡
임혜정 반주

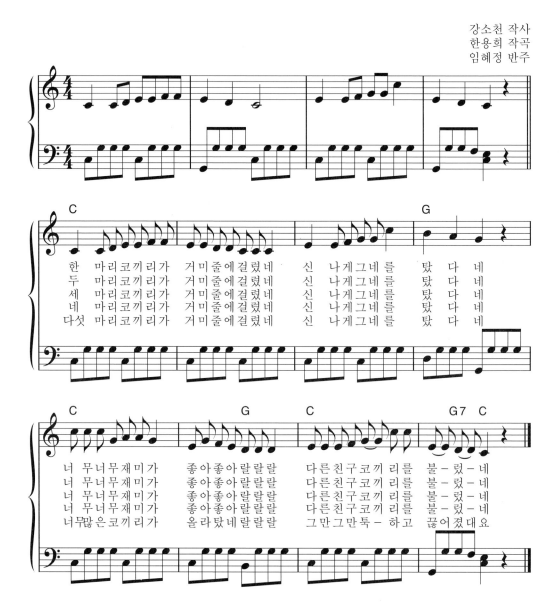

	한	마리코끼리가	거미줄에걸렸네	신	나게그네를	탔	다	네
	두	마리코끼리가	거미줄에걸렸네	신	나게그네를	탔	다	네
	세	마리코끼리가	거미줄에걸렸네	신	나게그네를	탔	다	네
	네	마리코끼리가	거미줄에걸렸네	신	나게그네를	탔	다	네
다섯	마리코끼리가	거미줄에걸렸네	신	나게그네를	탔	다	네

너	무너무재미가	좋아좋아랄랄랄	다른친구코끼리를	불 – 렀 – 네
너	무너무재미가	좋아좋아랄랄랄	다른친구코끼리를	불 – 렀 – 네
너	무너무재미가	좋아좋아랄랄랄	다른친구코끼리를	불 – 렀 – 네
너	무너무재미가	좋아좋아랄랄랄	다른친구코끼리를	불 – 렀 – 네
너무많은코끼리가	올라탔네랄랄랄	그만그만툭 – 하고	끊어졌대요

C   G   G7

코끼리와 거미줄

강소천 작사
한용희 작곡
임혜정 반주

C

한 마리코끼리가 거미줄에걸렸네 신 나게그네를 탔다네
두 마리코끼리가 거미줄에걸렸네 신 나게그네를 탔다네
세 마리코끼리가 거미줄에걸렸네 신 나게그네를 탔다네
네 마리코끼리가 거미줄에걸렸네 신 나게그네를 탔다네
다섯 마리코끼리가 거미줄에걸렸네 신 나게그네를 탔다네

G7

C **G7** **C** **G C**

너 무너무재미가 좋아좋아랄랄랄 다른친구코끼리를 불렀네
너 무너무재미가 좋아좋아랄랄랄 다른친구코끼리를 불렀네
너 무너무재미가 좋아좋아랄랄랄 다른친구코끼리를 불렀네
너 무너무재미가 좋아좋아랄랄랄 다른친구코끼리를 불렀네
너무많은코끼리가 올라탔네랄랄랄 그만그만툭 하고 끊어졌대요

C   G7   G

코끼리와 거미줄

강소천 작사
한용희 작곡
임혜정 반주

한　마리코끼리가　거미줄에걸렸네　신　나게그네를　탔　다　네
두　마리코끼리가　거미줄에걸렸네　신　나게그네를　탔　다　네
세　마리코끼리가　거미줄에걸렸네　신　나게그네를　탔　다　네
네　마리코끼리가　거미줄에걸렸네　신　나게그네를　탔　다　네
다섯　마리코끼리가　거미줄에걸렸네　신　나게그네를　탔　다　네

너　무너무재미가　좋아좋아랄랄랄랄　다른친구코끼리를　불－렀－네
너　무너무재미가　좋아좋아랄랄랄랄　다른친구코끼리를　불－렀－네
너　무너무재미가　좋아좋아랄랄랄랄　다른친구코끼리를　불－렀－네
너　무너무재미가　좋아좋아랄랄랄랄　다른친구코끼리를　불－렀－네
너무많은코끼리가　올라탔네랄랄랄　그만그만툭－하고　끊어졌대요

털보 영감님

작자 미상
임혜정 반주

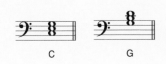

털보 영감님

작자 미상
임혜정 반주

통 통 통 통 털보영감님 통 통 통 통 혹 부리영 감 님

통 통 통 통 코 주부영 감 님 통 통 통 통 안 경영감 님

통 통 통 통 손을위 – 로 팔랑팔랑팔랑팔랑 손을무릎에

C   G7   G

털보 영감님

작자 미상
임혜정 반주

통 통 통 통　털보영감님　　통 통 통 통　혹 부리영 감 님

통 통 통 통　코 주부영 감 님　　통 통 통 통　안 경영감 님

통 통 통 통　손을위 – 로　　팔랑팔랑팔랑팔랑　손을무릎에

한 가지만 고치래요

임혜정 작사
임혜정 작곡

우리엄마는　내 버릇한가지만 고치래 요　밥안먹는버릇이

요　밥잘먹고튼 튼 해 야

뭐 든지할수있대 요　오늘부터한 번

고쳐 볼래요　오늘부터한 번 고 쳐볼래요

C　G　F　G7　Dm

한 가지만 고치래요

임혜정 작사
임혜정 작곡

한 가지만 고치래요

임혜정 작사
임혜정 작곡

사장조(G Major) 연습

가을동산

가을동산

임혜정 작사
임혜정 작곡

부드럽게 흐르듯이

G
산 새 들 이 노 래하는 가을 동 산 에
들 국화가 방 긋웃는 가을 동 산 에

Am
누 가누가 오색 그림 그려 놓았을 — 까
누 가누가 웃는 얼굴 그려 놓았을 — 까

G
가 을바람 이 그 — 렸 을 까
가 을햇볕 이 그 — 렸 을 까

Am   A   D   G
음 단풍잎 이 떨어지 며 춤을추 — 었구 나

G   C   Am   D   A

가을동산

임혜정 작사
임혜정 작곡

고요한 밤 거룩한 밤

그루버 작곡
임혜정 반주

*표시 음은 양손이 겹치는 것을 피하기 위해 치고나서 바로 들어준다.

고요한 밤 거룩한 밤

그루버 작곡
임혜정 반주

주 의 부 — 모 앉 — 아 서

감 사 기 도 드 — 릴 때

아 기 잘 도 잔 다 —

아 — 기 잘 도 잔 다 —

＊표시 음은 양손이 겹치는 것을 피하기 위해 치고나서 바로 들어준다.

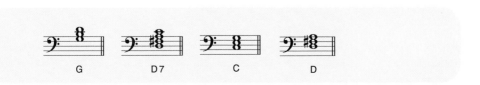

G   D7   C   D

고요한 밤 거룩한 밤

그루버 작곡
임혜정 반주

주의 부 - 모 앉 - 아 서

감 사 기 - 도 드 - 릴 때

아 기 잘 도 잔 다 -

아 - 기 잘 도 잔 다 -

※표시 음은 양손이 겹치는 것을 피하기 위해 치고나서 바로 들어준다.

G　　D7　　C　　D

애국가

안익태 작곡
임혜정 반주

동해물과 백두산이 마르고닳 도록

하 느님이 보우 하사 우리 나라만 세

무 궁화 삼 천리 화려강 산

대 한사람 대한 으로 길이 보전하 세

애국가

안익태 작곡
임혜정 반주

애국가

안익태 작곡
임혜정 반주

바장조(F Major) 연습

3

다섯 작은 꾀꼬리

외국 곡
임혜정 반주

다섯 작은 꾀꼬리 나무에앉아
한 마리 날아 넷 남았 네
꾀꼬리 꾀꼬리 참 예쁘다
꾀꼬리 꾀꼬리 날으 네

다섯 작은 꾀꼬리

외국 곡
임혜정 반주

다섯 작은 꾀꼬리 나무에 앉아
한 마리 날아 넷 남았네
꾀꼬리 꾀꼬리 참 예쁘다
꾀꼬리 꾀꼬리 날으네

※표시 음은 양손이 겹치는 것을 피하기 위해 치고나서 바로 들어준다.

다섯 작은 꾀꼬리

외국 곡
임혜정 반주

 굴렁쇠

작자 미상
임혜정 반주

우 리들 은 노래꾸러기 노래하는굴 렁 쇠

노 래실 고 달려가 는 동그 란굴 렁 쇠

빨 강노 래 파랑노 래 노랑노래하얀노 래

노래꾸러미를 펼치면 온 갖 노래가가 득

굴 러 라 굴 러라-굴러라 세 상 끝 까지 -

달 동 네 별 동네-해동네 구름 동네 까 지

*표시 음은 양손이 겹치는 것을 피하기 위해 치고나서 바로 들어준다.

F   C7   B♭   C

굴렁쇠

작자 미상
임혜정 반주

우 리들 은 노래꾸러기 노래하는굴 렁 쇠

노 래싣 고 달려가 는 동그 란굴 렁 쇠

빨 강노 래 파랑노래 노랑노래하얀노 래

노래 꾸러미 를 펼 치 면   온 갖 노래가가 득

굴 러 라 굴 러 라 굴러 라 세 상 끝 까 지 —

달 동 네 별 동 네 해동 네 구 름 동 네 까 지

＊표시 음은 양손이 겹치는 것을 피하기 위해 치고나서 바로 들어준다.

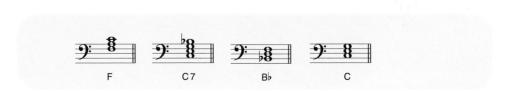

F   C7   B♭   C

굴렁쇠

작자 미상
임혜정 반주

우 리들 은 노래꾸러기 노래하는굴 렁 쇠

노 래싣 고 달려가 는 동그 란굴 렁 쇠

빨 강노 래 파랑노 래 노랑노래하얀노 래

노래꾸러미를 펼치면 온 갖 노래가가 득

굴 러 라 굴 러 라 — 굴러라 세 상 끝 까지 —

달 동 네 별 동 네 — 해동네 구름 동네 까 지

＊표시 음은 양손이 겹치는 것을 피하기 위해 치고나서 바로 들어준다.

F G C7 F7 B♭ C

꼬부랑 할머니

한태근 작사
한태근 작곡
임혜정 반주

꼬 부랑 할머니 가 　 꼬 부랑 고 갯길 을
꼬 부랑 할머니 가 　 꼬 부랑 길에앉 아
꼬 부랑 할머니 가 　 맛 있게 자 시는 데
꼬 부랑 강아지 가 　 그 엿좀 맛보려 고

꼬 부랑 꼬부 － 랑 　 넘 어가 고있 네
꼬 부랑 엿가 락을 　 살 며시 꺼냈 네네
꼬 부랑 강아지 가 　 뛰 어오 고있 네네
입 맛을 다시다 가 　 예 끼놈 맞았 네

(1,2,3)꼬 부랑 꼬부 － 랑 　 꼬 부랑 꼬부 － 랑
　(4)꼬 부랑 깽깽 － 깽 　 꼬 부랑 깽깽 － 깽

고 개는 열두고 개　　－고개를 고 개를 넘어간 다

＊표시 음은 양손이 겹치는 것을 피하기 위해 치고나서 바로 들어준다.

F　　　C7　　　B♭

꼬부랑 할머니

한태근 작사
한태근 작곡
임혜정 반주

꼬 부랑 할머니 가　　꼬 부랑 고갯길 을
꼬 부랑 할머니 가　　꼬 부랑 길에앉 아
꼬 부랑 할머니 가　　맛 있게 자시는 데
꼬 부랑 강아지 가　　그 엿좀 맛보려 고

꼬 부랑 꼬부－랑　　넘 어가 고있 네
꼬 부랑 엿가락 을　　살 며시 꺼냈 네
꼬 부랑 강아지 가　　뛰 어오 고있 네
입 맛을 다시다 가　　예 끼놈 맞았 네

(1,2,3)꼬 부랑 꼬부－랑　　꼬 부랑 꼬부－랑
(4)꼬 부랑 깽깽－깽　　꼬 부랑 깽깽－깽

고 개는 열두고 개 ㅡ고개를 고 개를 넘어간 다

*표시 음은 양손이 겹치는 것을 피하기 위해 치고나서 바로 들어준다.

F   C 7   B♭

꼬부랑 할머니

한태근 작사
한태근 작곡
임혜정 반주

F **C7** **F**

꼬 부랑 할머니 가　　　꼬 부랑 고 갯길 을
꼬 부랑 할머니 가　　　꼬 부랑 길에앉 아
꼬 부랑 할머니 가　　　맛 있게 자시는 데
꼬 부랑 강 아지 가　　　그 엿좀 맛보려 고

F7 **B♭** **C7** **F**

꼬 부랑 꼬부 － 랑　　　넘 어가 고 있 네네
꼬 부랑 엿 가락 을　　　살 며시 꺼 냈네네
꼬 부랑 강 아지 가　　　뛰 어오 고 있네네
입 맛을 다 시다 가　　　예 끼놈 맞았 네

C7 **F**

(1,2,3)꼬 부랑 꼬부 － 랑　　　꼬 부랑 꼬부 － 랑
　　(4)꼬 부랑 깽깽 － 깽　　　꼬 부랑 깽깽 － 깽

고 개는 열두고 개 -고개를 고 개 를 넘어간 다

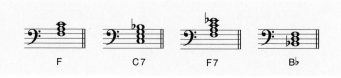

F   C7   F7   Bb

생일 축하 노래

외국 곡
임혜정 반주

생일 축하 노래

외국 곡
임혜정 반주

생 일 축 하 합 니 다 생 일 축 하 합 니 다 사 랑

하 는 ○ ○ ○ 생 일 축 하 합 니 다

생일 축하 노래

외국 곡
임혜정 반주

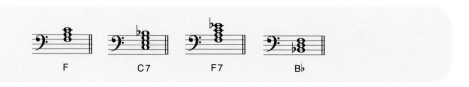

솜사탕

정근 작사
이수인 작곡
임혜정 반주

나뭇 가지에 실처럼 – 날아 든솜 사 탕

하얀 눈처럼 희고 도 – 깨끗 한솜 사 탕

엄마 손잡 고 나들 이갈 때 먹어 본솜 사 탕

훅 훅 불며 는 구멍 이뚫 리는 커 다란솜 사 탕

＊표시 음은 왼손과 오른손이 겹치므로 셋째박에서는 양손을 겹치게 연주하고 넷째박에서는 오른손을 들어준다.

F   C7   B♭   G

솜사탕

정근 작사
이수인 작곡
임혜정 반주

※표시 음은 왼손과 오른손이 겹치므로 셋째박에서는 양손을 겹치게 연주하고 넷째박에서는 오른손을 들어준다.

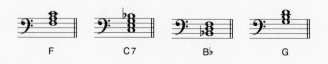

숲 속 작은 집

외국 곡
임혜정 반주

숲 속 작은집 창 가 에 작 은 아이가 섰 는 데

토 끼 한마리 뛰 어 와 문두드리며하 는 말

날좀살려주세요 날좀살려주세요 날살려주지않으면 포수가빵쏜대요

작 은 토끼야 들 어 와 편 히 쉬 어 라

F   C7

숲 속 작은 집

외국 곡
임혜정 반주

숲 속 작은 집

외국 곡
임혜정 반주

숲 속 작은집 창가에 작은 아이가 섰는데

토끼 한마리 뛰어와 문두드리며 하는 말

날좀살려주세요 날좀살려주세요 날살려주지않으면 포수가빵쏜대요

작은 토끼야 들어와 편히쉬어라

＊표시 음은 양손이 겹치는 것을 피하기 위해 치고나서 바로 들어준다.

스마일 스마일 스마일

외국 곡
임혜정 반주

F
걱 정을 모두 벗어 버 리 고 서 스마일 스마일 스마일

Bb   F

G   C
어 린 이 답 게 모 두 웃 어 요 세 상 밝 으 리

F   C
걱 정 하 면 무엇해 즐 겁 게 노 래 하 자

F   C

F   Bb   F C7   F
걱 정을 모두벗어 버 리 고 서 스마일 스마일 스마일

F   Bb   G   C   C7

스마일 스마일 스마일

외국 곡
임혜정 반주

걱 정을 모두벗어 버 리 고 서 스마일 스마일 스마일

어 린이답게모두 웃 어 요 세 상 밝 으 리

걱 정 하 면 무엇해 즐 겁 게 노 래 하 자

걱 정을 모두벗어 버 리 고 서 스마일 스마일 스마일

F   Bb   G   C   C7

스마일 스마일 스마일

외국 곡
임혜정 반주

걱 정을 모두 벗어 버 리 고 서 스마일 스마일 스마일

어 린이답게 모두 웃 어 요 세 상 밝으 리

걱 정하면 무 엇해 즐 겁게 노 래 하 자

걱 정을 모두 벗어 버 리 고 서 스마일 스마일 스마일

F   F7   Bb   G7   C7

아침 일찍 일어나

임혜정 작사
임혜정 작곡

1. 아침 일찍일어 나 양치 질을합니다 치카 푸카치카 푸카 깨끗이깨끗이
2. 아침 일찍일어 나 세 - 수를합니다 싹 - 싹 - 싹싹 싹 - 깨끗이깨끗이
3. 아침 일찍일어 나 청 - 소를합니다 쓱 - 쓱 - 싹싹 싹 - 깨끗이깨끗이
4. 아침 일찍일어 나 거 - 울을봅니다 예 - 쁜 - 내얼 굴 - 깨끗이깨끗이
5. 아침 일찍일어 나 인 - 사를합니다 안 - 녕 - 하세 요 - 안녕 - 하세 요

F　　　C　　　C7

아침 일찍 일어나

임혜정 작사
임혜정 작곡

1. 아침 일찍 일어 나 양치 질을 합니다 치카 푸카 치카 푸카 깨 끗이 깨 끗 이
2. 아침 일찍 일어 나 세 - 수를 합니다 싹 - 싹 - 싹싹 싹 - 깨 끗이 깨 끗 이
3. 아침 일찍 일어 나 청 - 소를 합니다 쓱 - 쓱 - 싹싹 싹 - 깨 끗이 깨 끗 이
4. 아침 일찍 일어 나 거 - 울을 봅니다 예 - 쁜 - 내얼 굴 - 깨 끗이 깨 끗 이
5. 아침 일찍 일어 나 인 - 사를 합니다 안 - 녕 - 하세 요 - 안 녕 - 하 세 요

아침 일찍 일어나

임혜정 작사
임혜정 작곡

1. 아침 일찍일어 나 양치 질을합니다 치카 푸카치카 푸카 깨끗이깨끗 이
2. 아침 일찍일어 나 세─수를합니다 싹─싹─싹싹 싹─ 깨끗이깨끗 이
3. 아침 일찍일어 나 청─소를합니다 쓱─ 쓱─싹싹 싹─ 깨끗이깨끗 이
4. 아침 일찍일어 나 거─울을봅니다 예─쁜─내얼 굴─ 깨끗이깨끗 이
5. 아침 일찍일어 나 인─사를합니다 안─녕─하세 요─ 안녕─하세 요

F   C   C7

안마합시다

강미영 작사
김미숙 작곡
임혜정 반주

할아버지할머니를 안 마합시다 어디어디어디가 시원하실까

어깨도 두드리고 팔 다리도주무르며 시 원 시 원하게 안 마합시다

쿵 쿵 쿵쿵쿵쿵 쿵 쿵 쿵쿵쿵쿵 시 원 시 원하게 안마합시다

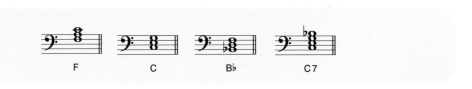

F   C   B♭   C7

안마합시다

강미영 작사
김미숙 작곡
임혜정 반주

안마합시다

강미영 작사
김미숙 작곡
임혜정 반주

원더풀 코리아

임혜정 작사
임혜정 작곡

산이많아서(손뼉) 물도맑구요(손뼉) 물이맑으니(손뼉) 맘도좋구요(손뼉)
재주도많고 솜씨도좋고 인심도좋고 부지런해요

살기좋은우리나라 제일좋아요 원더풀코리아(손뼉) 원더풀코리아(손뼉)

F   C   Bb

원더풀 코리아

임혜정 작사
임혜정 작곡

원더풀 코리아

임혜정 작사
임혜정 작곡

산이많 아서(손뼉) 물도맑구요(손뼉) 물이맑 으니(손뼉) 맘도좋구요(손뼉)
재주도 많고 솜씨도좋고 인심도 좋고 부지런해요

살기좋은우리나라 제일좋아요 원더풀코리아(손뼉) 원더풀코리아(손뼉)

F   C7   B♭

A Merry Christmas

외국 곡
임혜정 반주

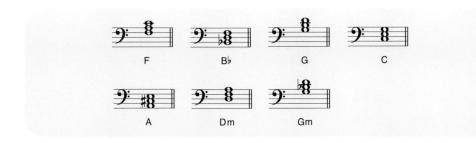

A Merry Christmas

외국 곡
임혜정 반주

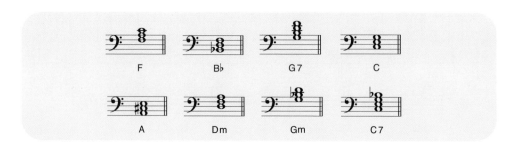

A Merry Christmas

외국 곡
임혜정 반주

※표시 음은 양손이 겹치는 것을 피하기 위해 치고나서 바로 들어준다.

라장조(D Major) 연습

4

기분이 좋아요

임혜정 작사
임혜정 작곡

심 부름 을 하고 나면 — 왜 기 분 이좋 아질 까 요

착 한일 을 했 다 고 마음 이 활 짝 웃 어 주 니 까 그 런가 봐 요

＊표시 음은 양손이 겹치는 것을 피하기 위해 치고나서 바로 들어준다.

기분이 좋아요

임혜정 작사
임혜정 작곡

심 부름을 하고 나면 — 왜   기 분 이 좋아 질까 요

착 한 일을 했 다 고   마음이 활 짝웃 어주 니 까 그 런가 봐요

고급

기분이 좋아요

임혜정 작사
임혜정 작곡

심 부름을 하고나면 — 왜 기 분 이 좋아 질까 요

착 한일을 했 다 고 마 음 이 활 짝웃 어주 니 까 그 런가 봐요

※표시 음은 양손이 겹치는 것을 피하기 위해 치고나서 바로 들어준다.

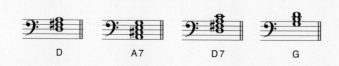

D   A7   D7   G

나비야

김지현 작사
임혜정 작곡

꿈 속에서 고 이 고 이 잠 들 어 —

일 곱 빛 깔 무 지 개 꿈 을 꾸 — 어 라 —

D   G   A

나비야

꿈 속에서 고 이 고 이 잠 들 어 -

일 곱 빛 깔 무 지 개 꿈 을 꾸 - 어 라 -

※표시 음은 양손이 겹치는 것을 피하기 위해 치고나서 바로 들어준다.

D   D7   G   A   A7

나비야

김지현 작사
임혜정 작곡

느리게, 밝고 곱게

나 비야 나 비야 나풀나풀 오너라

일곱빛깔 꽃들이 손 짓하 는 곳─으로

나 비야 나 비야 사뿐사뿐 앉 아라

꿈 속 에 서 고 이 고 이 잠 들 어 ―

일 곱 빛 깔 무 지 개 꿈 을 꾸 ― 어 라 ―

※표시 음은 양손이 겹치는 것을 피하기 위해 치고나서 바로 들어준다.

D   D7   G   A7

동물들의 악기 연주

김진영 작사
김진영 작곡
임혜정 반주

숲 속의 동물들이 모여서 악기연주 하는데
둥 둥 - 찰 찰 삘리리 재미나게 들리죠
커다란곰은 큰북을 둥둥둥둥 둥둥둥

토 끼는탬버린을 흔 들 어   차르르르르르르르르   차르르르르르르르르

새 들은아름다운 피 리 로   삐 리삐 리삐릴리   삐 릴 리

D   G   A   A7

동물들의 악기 연주

김진영 작사
김진영 작곡
임혜정 반주

토 끼는 탬버린을 흔 들 어　차르르르르르르르르　차르르르르르르르르

새 들 은 아름 다 운 피 리 로　삐 리 삐 리 삐릴 리　삐 릴 리

*표시 음은 양손이 겹치는 것을 피하기 위해 치고나서 바로 들어준다.

D　G　A7

동물들의 악기 연주

김진영 작사
김진영 작곡
임혜정 반주

숲 속의 동물들이 모여서 악기 연주 하는데

둥둥 — 찰찰 삘리리 재미 나게 들리죠

커 다란곰 은 큰북을 둥 둥둥둥 둥둥둥

토 끼는탬버린을 흔 들 어   차르르르르르르르 차르르르르르르르

새 들은아름다운 피 리 로   삐리삐리삐릴리   삐릴리

D   G   A   A7

내가 먼저

임혜정 작사
임혜정 작곡

친구와 놀 다가　기분이나 빠졌어 요　왜 그럴 까요

왜 그럴 까요　곰 곰 이　생 각해 보니

내 가면 저양 보할 걸
내 가면 저미 안하 다
내 가면 저괜 찮다 고

그 랬나 봐요
말해 야겠 어요
말해 야겠 어요

내 가면 저양 보할 걸 그 랬나 봐요
내 가면 저미 안하 다 말해 야겠 어요
내 가면 저괜 찮다 고 말해 야겠 어요

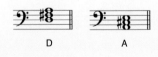

D　　A

내가 먼저

임혜정 작사
임혜정 작곡

친구와 놀 다가 기분이나 빠졌어 요 왜 그럴 까요

왜 그럴 까요 곰 곰 이 생 각해 보니
내 가면 저양 보할 걸
내 가면 저미 안하 다
내 가면 저괜 찮다 고

그 랬나 봐요 내 가면 저양 보할 걸 그 랬나 봐요
말해 야겠 어요 내 가면 저미 안하 다 말해 야겠 어요
말해 야겠 어요 내 가면 저괜 찮다 고 말해 야겠 어요

내가 먼저

임혜정 작사
임혜정 작곡

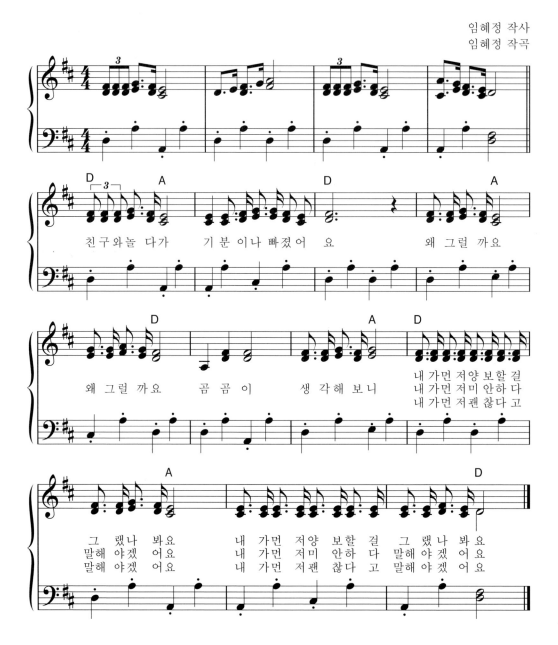

친구와 놀 다가 기분 이나 빠졌어 요 왜 그럴 까요

왜 그럴 까요 곰 곰 이 생 각해 보니

내 가면 저양 보할 걸
내 가면 저미 안하 다
내 가면 저괜 찮다 고

그 랬나 봐요 내 가면 저양 보할 걸 그 랬나 봐요
말해 야겠 어요 내 가면 저미 안하 다 말해 야겠 어요
말해 야겠 어요 내 가면 저괜 찮다 고 말해 야겠 어요

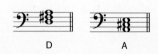

소풍 가는 길

황현진 작사
임혜정 작곡

소풍 가는 길

황현진 작사
임혜정 작곡

칙 칙 폭 폭 기차를타고 칙 칙 폭 폭 달려갑니다
뿡 뿡 뿡 뿡 버스를타고 빵 빵 빵 빵 달려갑니다

엄마아빠손잡 고 소풍가는길 칙 칙 폭 폭
노래하며즐겁 게 소풍가는길 뿡 뿡 빵 빵

칙 칙 폭 폭 － 신 나 게달려갑니 다
뿡 뿡 빵 빵 － 즐 겁 게달려갑니 다

D　　　A7　　　G

소풍 가는 길

황현진 작사
임혜정 작곡

칙 칙 폭 폭 기차를타고 칙 칙 폭 폭 달려갑니다
뻥 뻥 뻥 뻥 버스를타고 빵 빵 빵 빵 달려갑니다

엄 마 아 빠 손 잡 고 소 풍 가 는 길 칙 칙 폭 폭
노 래 하 며 즐 겁 게 소 풍 가 는 길 뻥 뻥 빵 빵

칙 칙 폭 폭 — 신 나 게 달 려 갑 니 다
뻥 뻥 빵 빵 — 즐 겁 게 달 려 갑 니 다

D A G

숲 속의 음악가

독일 민요
임혜정 반주

나 는숲 속의 음악가노 래하는산 새 아

름다운목 소 리로노 래부르지 요 라라

랄랄라 라라 랄랄라참 잘 도하지 요

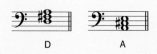

D   A

중급

숲 속의 음악가

독일 민요
임혜정 반주

나 는 숲 속의 음 악 가 노 래 하 는 산 새 아

름 다 운 목 소 리 로 노 래 부르 지 요 라 라

랄 랄 라 라 라 랄 랄 라 참 잘 도 하 지 요

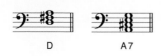

D   A7

숲 속의 음악가

독일 민요
임혜정 반주

나 는 숲 속의 음 악 가 노 래하는 산 새 아

름 다 운 목 소 리로 노 래부르지 요 라 라

랄 라 라 라 라 랄 라 라 참 잘 도 하 지 요

D A7 G

예쁜 어린이

전규희 작사
전규희 작곡
임혜정 반주

쿨 — 쿨 자 다 가 아 침 일 찍 일 어 나

푸 — 푸 세 수 하 고 맛 있 게 밥 을 먹 고

랄 라 우 리 는 예 쁘 고 착 한 어 린 이

예쁜 어린이

전규희 작사
전규희 작곡
임혜정 반주

쿨 ― 쿨 자 다 가 아 침 일 찍 일 어 나
푸 ― 푸 세 수 하 고 맛 있 게 밥 을 먹 고
랄 라 우 리 는 예 쁘 고 착 한 어 린 이

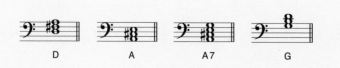

D   A   A7   G

예쁜 어린이

전규희 작사
전규희 작곡
임혜정 반주

쿨 - 쿨 자 다 가 아 침 일 찍 일 어 나

푸 - 푸 세 수 하 고 맛 있 게 밥 을 먹 고

랄 라 우 리 는 예 쁘 고 착 한 어 린 이

*표시 음은 양손이 겹치는 것을 피하기 위해 치고나서 바로 들어준다.

어머님 마음

양주동 작사
이흥렬 작곡
임혜정 반주

손 - 발 이 다 - 닳도 록 고 - - 생하 시 - 네

하 늘아 래 그무엇 이 넓 다하 리 요

어 머 님 의 희 - - 생 은 가 이 없 어 라

*표시 음은 양손이 겹치는 것을 피하기 위해 치고나서 바로 들어준다.

D   G   A7   Bm   A   D7

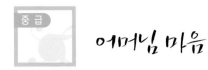

어머님 마음

양주동 작사
이흥렬 작곡
임혜정 반주

낳 실제 괴 ─로움다 잊으시고 ─

기 르실제 밤 낮으로 애 쓰는마 음

진 ─자리 마른자 리 갈 아─뉘시 며

손 —발 이 다—닳도 록 고— —생하시— 네

하 늘아 래 그무엇이 넓 다하리 요

어 머님 의 희— —생 은 가 이없어 라

*표시 음은 양손이 겹치는 것을 피하기 위해 치고나서 바로 들어준다.

D   G   A7   Bm   A   D7

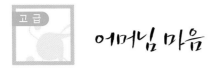

어머님 마음

양주동 작사
이흥렬 작곡
임혜정 반주

낳 실 제 괴 ㅡ로움 다 잊 으 시 고 ㅡ

기 ㅡ르실제 밤 낮으로 애 쓰는 마 음

진 ㅡ자 리 마 른자 리 갈 아ㅡ뉘 시 며

손 -발 이 다 - 닳도 록 고 - - 생하시 - 네

하 늘아 래 그무엇이 넓 다하리 요

어 머님 의 희 - - 생 은 가 이 없어 라

※표시 음은 양손이 겹치는 것을 피하기 위해 치고나서 바로 들어준다.

D   G   A7   Bm   D7   A

우리가족

임혜정 작사
임혜정 작곡

D   A7   D

나 는○○가   참좋아요-   나 는○○가   참좋아요-

G   A7   D

나 는○○가   참좋아요-   우 리는모 두   사랑하는한가족

D   A7   G

우리가족

임혜정 작사
임혜정 작곡

우리가족

임혜정 작사
임혜정 작곡

나 는○○가　참좋아요-　나 는○○가　참좋아요-

나 는○○가　참좋 아요-　우 리는모 두　사랑하는한가족

D　　A7　　G　　A

D　　A7　　G　　A

D A7 G A

졸업 노래

나운영 작사
유경손 작곡
임혜정 반주

졸업 노래

나운영 작사
유경손 작곡
임혜정 반주

아침마 다 모여서 재미있 게 지내던
사랑하 는 유치원 을 떠나가 게 되었네
우리우 리 선생님 안 – 녕히 – 계세 요
어깨동 무 내동무 잘있거 라 또보자

*표시 음은 양손이 겹치는 것을 피하기 위해 치고나서 바로 들어준다.

졸업 노래

나운영 작사
유경손 작곡
임혜정 반주

종소리

안병원 작사
미국 곡
임혜정 반주

흰 눈 사 이 로   썰 매 를 타 고

달 리 는 기 분   상 쾌 도 하 다 —

종 이 울 려 서   장 단 맞 추 니

흥 겨 워 서 소 리 높 여 노 래 부 른 다

*표시 음은 양손이 겹치는 것을 피하기 위해 치고나서 바로 들어준다.

종소리

안병원 작사
미국 곡
임혜정 반주

흰 눈 사이 로   썰 매 를 타 고

달 리 는 기 분   상 쾌 도 하 다 —

종 이 울 려 서   장 단 맞 추 니

흥 겨 워 서 소 리 높 여 노 래 부 른 다

종 소 리 울 려 라 종 소 리 울 려
우 리 썰 매 빨 리 달 려 종 소 리 울 려 라
종 소 리 울 려 라 종 소 리 울 려
기 쁜 노 래 부 르 면 서 빨 리 달 리 자

※표시 음은 양손이 겹치는 것을 피하기 위해 치고나서 바로 들어준다.

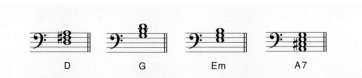

D   G   Em   A7

종소리

안병원 작사
미국 곡
임혜정 반주

흰눈사이로 썰매를타고

달리는기분 상쾌도하다 ─

종이울려서 장단맞추니

흥겨워서 소리높여 노래부른다

*표시 음은 양손이 겹치는 것을 피하기 위해 치고나서 바로 들어준다.

착한 아이 예쁜 아이

박경종 작사
정혜옥 작곡
임혜정 반주

착한 아이 예쁜 아이

박경종 작사
정혜옥 작곡
임혜정 반주

D
A7
D
A7
D

햇 - 님 -은 일 어 나 -서 세 수 하 -고 예 뻐 지 -고

A7
D
A7
D

달 - 님 -은 자 기 전 -에 목 욕 하 -고 예 뻐 지 -고

G
D
A7
D7

우 리 들 -도 세 수 하 -고 햇 님 처 -럼 예 뻐 지 -고

G
D
A7
D

우 리 들 -도 목 욕 하 -여 달 님 처 -럼 예 뻐 지 자

D　　　　A7　　　　G　　　　D7

착한 아이 예쁜 아이

박경종 작사
정혜옥 작곡
임혜정 반주

가장조(A Major) 연습

무엇일까요

이은영 작사
임혜정 작곡

```
노    란보 자기속   노란주머니    노    란주머니 속   노란알갱이
초    록둥근방에   빨간얼―굴    빨    간얼굴속에   까만점박이
까    만방―속에   초록빛얼굴    모    두옹기종기   모여살지요
```

[간주]

```
무엇 일까요                아 하  맛―있는  귤 이  지
무엇 일까요                아 하  맛―있는  수 ― 박
무엇 일까요                아 하  맛―있는  포 ― 도
```

A   E   D

무엇일까요

이은영 작사
임혜정 작곡

A		E7	A
노 란보 자기속	노란주머니	노 란주머니속	노란알갱이
초 록둥근방에	빨간얼-굴	빨 간얼굴속에	까만점박이
까 만방-속에	초록빛얼굴	모 두옹기종기	모여살지요

[간주]

		D E	A
무엇일까요		아 하 맛-있는	귤 이 지
무엇일까요		아 하 맛-있는	수 - 박
무엇일까요		아 하 맛-있는	포 - 도

A   E7   D   E

무엇일까요

이은영 작사
임혜정 작곡

노	란보 자기속	노란주머니	노	란주머니속	노	란알갱이
초	록둥 근방에	빨간얼 – 굴	빨	간얼굴속에	까	만점박이
까	만방 – 속에	초록빛얼굴	모	두옹기종기	모	여살지요

무엇일까요   아 하   맛 – 있는 굴 이 지
무엇일까요   아 하   맛 – 있는 수 – 박
무엇일까요   아 하   맛 – 있는 포 – 도

무지개

오명자 작사
임혜정 작곡

무지개

오명자 작사
임혜정 작곡

무지개

오명자 작사
임혜정 작곡

창밖을 보라

외국 곡
임혜정 반주

창밖을보라 창밖을보라 흰눈이내린다

창밖을보라 창밖을보라 찬기운이왔다

썰매를타는 어린이들은 해가는줄도모르고

눈길위에다 썰매를깔고 즐겁게달린다

창밖을 보라

외국 곡
임혜정 반주

창밖 을보 라 창밖 을보 라 흰눈 이내 린 다

창밖 을보 라 창밖 을보 라 찬기 운이 왔 다

썰매 를타 는 어린 이들 은 해가 는줄도모르 고

눈길 위에 다 썰매 를깔 고 즐겁 게달린 다

긴 긴 해가 다 가고 — 어둠이 오 면

오 색빛이 찬 란한 — 거리거리에 성탄빛

추운 겨울 이 다가 기전에 마음 껏즐 기 자

밝고 흰눈 이 새봄 빛속 에 사라 지기 전 에

※표시 음은 양손이 겹치는 것을 피하기 위해 치고나서 바로 들어준다.

A   E7   E   D   A7   D#dim

창밖을 보라

외국 곡
임혜정 반주

창밖 을보라 창밖 을보라 흰눈 이내 린 다

창밖 을보라 창밖 을보라 찬기 운이 왔 다

썰매 를타 는 어린 이들 은 해가 는줄도 모르 고

눈길 위에 다 썰매 를깔 고 즐겁 게달 린 다

긴 긴 해 가 다 가고 ─ 어둠 이 오 면

오 색 빛 이 찬 란 한 ─ 거 리 거 리 에 성 탄 빛

추 운 겨 울 이 다 가 기 전 에 마 음 껏 즐 기 자

밝 고 흰 눈 이 새 봄 빛 속 에 사 라 지 기 전 에

※표시 음은 양손이 겹치는 것을 피하기 위해 치고나서 바로 들어준다.

A   E7   E   D   A7   D#dim

내림마장조(E♭ Major) 연습

연날리기

권연순 작사
한수성 작곡
임혜정 반주

에헤 야디야 바 람분다 — 연 을날려보 자

에헤 야디야 잘 도난다 — 저하늘높이난 다

무지개옷 을입고 저 하늘에 — 꼬리를흔 들 며

Chapter 3 수준별 동요반주의 실제 • 315

연날리기

권연순 작사
한수성 작곡
임혜정 반주

에 헤 야 디야　바 람 분 다 -　연 을 날 려 보　자

에 헤 야 디야　잘 도 난 다 -　저 하 늘 높 이 난　다

무 지 개 옷 을 입 고 저 하 늘 에 -　꼬 리 를 흔 들 며

모두다어 울려서 친 구된다- 두둥실 춤을춘 다

에헤 야디야 바 람분다- 연 을날려보 자

에헤 야디야 잘 도난다- 우리의꿈을싣 고

연날리기

권연순 작사
한수성 작곡
임혜정 반주

에헤 야디야 바 람분다 - 연 을날려보 자

에헤 야디야 잘 도난다 - 저하늘높이난 다

무지개 옷 을입고 저 하늘에 - 꼬리를흔 들 며

모두 다 어 울려서 친 구된다 – 두둥실 춤을춘 다

에 헤 야디 야 바 람분다 – 연 을날려보 자

에 헤 야디 야 잘 도난다 – 우 리의꿈을신 고

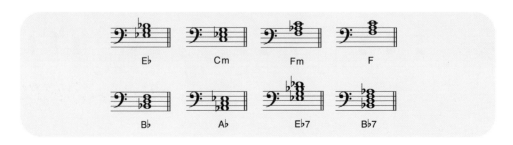

지구마을

윤석중 작사
정수민 작곡
임혜정 반주

지구마을

윤석중 작사
정수민 작곡
임혜정 반주

마을 마을 지구마을 – 빙글빙글도는 마 을

낮 이 가 면 밤 이오고 – 밤 이가면낮이 오 고

낮 과 밤 이 번갈아서 – 돌고도는지 – 구마 을

지구마을

윤석중 작사
정수민 작곡
임혜정 반주

마을마을 지구마을 - 둥글둥글지구마을

지구마을 싸움나면 - 지구덩이타버리네

지구마을 언니아우 - 둥글둥글잘 - 지내자

Eb   Ab   F   Bb7   Fm   Bb

가단조(A minor) 연습

1 | 딱따구리

딱따구리

외국 곡
임혜정 반주

뚝 딱 뚝 딱 깊은 산 속 에 서 뚝 딱 뚝 딱 나무 찍는 소 리

뚝 딱 뚝 딱 장 단 맞춰 찍 고 뚝 딱 뚝 딱 해도 벌써 지 고

뚝 딱 뚝 딱 깊은 산 속 에 뚝 딱 뚝 딱 날은 저물 어

Am

딱따구리

외국 곡
임혜정 반주

뚝 딱 뚝 딱 깊은 산 속 에 서 뚝 딱 뚝 딱 나 무 찍 는 소 리

뚝 딱 뚝 딱 장 단 맞 춰 찍 고 뚝 딱 뚝 딱 해 도 벌 써 지 고

뚝 딱 뚝 딱 깊 은 산 속 에 뚝 딱 뚝 딱 날 은 저 물 어

딱따구리

외국 곡
임혜정 반주

뚝 딱 뚝 딱 깊은산속에 서 뚝 딱 뚝 딱 나무찍는소 리

뚝 딱 뚝 딱 장단맞춰찍 고 뚝 딱 뚝 딱 해도벌써지 고

뚝 딱 뚝 딱 깊은산속에 뚝 딱 뚝 딱 날은저물어

＊표시 음은 양손이 겹치는 것을 피하기 위해 치고나서 바로 들어준다.

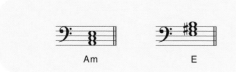

Am   E

참고문헌

상지영서대학교 유아교육과 편(1997). 새동요 100곡집. 서울: 동문사.

임혜정(2006). 유아를 위한 창작동요집 "노래하는 꿈나무". 서울: 태영출판사.

임혜정(2008). 주제별 유아동요 선곡집. 서울: 파란마음.

임혜정(2012). 유아 교사를 위한 동요 반주법. 서울: 파란마음.

임혜정(2013). 유아음악교육. 서울: 파란마음.

학예출판사(1997). 피아노 명곡 앨범. 서울: 학예출판사.

학예출판사(2004). 예쁜소리 피아노 곡집. 서울: 학예출판사.

부 록

- 동요에서 자주 사용하는 코드표 -

코드	음의 구성	반주의 예
C		
F		
G		
D		
A		
E		
B♭		
E♭		
A♭		

코드	음의 구성	반주의 예

※ ● 는 생략가능한 음이다.

색인

임혜정

강원대학교 사범대학 음악교육과 졸업 (작곡 전공)
서울대학교 대학원 졸업 (교육학 석사, 음악교육 전공)
덕성여자대학교 대학원 졸업 (교육학 박사, 유아교육 전공)
현) 상지영서대학교 유아교육과 교수

저서:

- 창작 가곡집 《산 넘고 물 건너》, 《기도》, 《달 있는 밤》

- 유아를 위한 창작 동요집 《노래하는 꿈나무(CD 포함)》

- 유아음악교육 《유치원교사를 위한 반주법》, 《유아의 음악성계발을 위한 기초연습: 리듬연습》, 《유아의 음악성계발을 위한 기초연습: 보고 부르기와 듣고 적기》, 《유아의 음악성계발 프로그램》, 《유아음악교육》, 《주제별 유아동요 선곡집》, 《리듬악기를 이용한 유아음악활동》, 《유아를 위한 즐거운 음악감상》, 《유아교사를 위한 동요 반주법》

- 논문 〈20세기 음악교육과정의 접근 방법들에 대한 고찰〉, 〈우리나라 유아동요의 음악적 문제〉, 〈유아음악교육에서의 발달론적 접근에 대한 비판적 고찰〉, 〈유아교육기관에서 선호하는 동요에 관한 조사 및 악곡분석 연구〉 외 다수

수준별 유아동요 반주곡집

초판 1쇄 인쇄 2015년 2월 5일
초판 1쇄 발행 2015년 2월 12일

지은이_ 임혜정
펴낸이_ 황호철
펴낸곳_  도서출판 파란마음

주소_ 140-845 서울시 용산구 백범로90라길 47 | 전화_ (02) 3275-2110~1 | 팩스_ (02) 3275-2199
홈페이지_ http://paranmaum.co.kr/

등 록_ 2006년 4월 24일 · 제302-2006-00024호

ISBN 978-89-97982-28-8 93370

값 20,000원